养老机构经营管理知识大全

孙成斌 主编

河南大学出版社
HENAN UNIVERSITY PRESS
·郑州·

图书在版编目(CIP)数据

养老机构经营管理知识大全 / 孙成斌主编. --郑州：河南大学出版社，2020.1

ISBN 978-7-5649-4133-8

Ⅰ.①养… Ⅱ.①孙… Ⅲ.①养老院－经营管理－中国 Ⅳ.①D669.6

中国版本图书馆 CIP 数据核字(2020)第 023845 号

责任编辑　侯若愚
责任校对　韩　露
封面设计　郭　灿

出　版	河南大学出版社
地址：郑州市郑东新区商务外环中华大厦 2401 号　邮编：450046	
电话：0371－86059701(营销中心)　　网址：hupress.henu.edu.cn	
排　版	郑州市今日文教印制有限公司
印　刷	河南瑞之光印刷股份有限公司
版　次　2020 年 1 月第 1 版	印　次　2020 年 1 月第 1 次印刷
开　本　787 mm×1092 mm　1/16	印　张　11.25
字　数　162 千字	定　价　62.00 元

(本书如有印装质量问题，请与河南大学出版社营销部联系调换)

目 录

一、养老机构定义 …………………………………………（1）
二、养老机构服务规范 ……………………………………（7）
三、人员配置和职责范围及服务规范 ……………………（22）
四、养老机构安全生产责任 ………………………………（40）
五、养老机构经费管理 ……………………………………（47）
六、养老机构应急管理工作预案 …………………………（51）
七、养老机构餐饮服务管理 ………………………………（55）
八、养老机构基础设施建设 ………………………………（67）
九、养老机构卫生清洁标准 ………………………………（72）
十、老年人护理知识 ………………………………………（80）
中华人民共和国老年人权益保障法 ………………………（99）
国务院办公厅关于推进养老服务发展的意见 ……………（111）
国务院关于进一步健全特困人员救助供养制度的意见 …（123）
民政部关于印发《特困人员认定办法》的通知 …………（130）
民政部关于贯彻落实新修改的《中华人民共和国老年人权益保障法》
　　的通知 ………………………………………………（137）
河南省人民政府关于加快发展养老服务业的意见 ………（140）
河南省财政厅 河南省发展和改革委员会 河南省民政厅 河南省老
龄工作委员会办公室关于做好政府购买养老服务工作的指导意见
　　…………………………………………………………（152）
××市(县)人民政府关于加快社会养老服务体系建设的意见
　　…………………………………………………………（157）
××市(县)特困人员救助供养实施细则 …………………（164）

一、养老机构定义

养老机构是社会养老专有名词,是指为老年人提供饮食起居、清洁卫生、生活护理、健康管理和文体娱乐活动等综合性服务的机构。它可以是独立的法人机构,也可以是附属于医疗机构、企事业单位、社会团体或组织、综合性社会福利机构的一个部门或者分支机构。县级以上地方人民政府民政部门负责本行政区域内养老机构的指导、监督和管理,其他有关部门依照职责分工对养老机构实施监督。

(一) 服务对象

养老机构服务的主要对象是老年人,但某些养老机构(如社会福利院)也接收辖区内的孤残儿童或残疾人。

(二) 服务特点

公益即"公众利益"。公益性事业是指直接或间接地为社会公共经济活动、社会活动和居民生活服务的部门、企业及其设施。公益性企业是指直接涉及社会公共利益领域服务的企业。我国绝大多数养老机构是以帮扶、救助城市"三无"人员、日常生活疏于照料人员以及特困人员为主,且多不以营利为主要目的,所以其公益性特征尤为明显。

与其他服务不同的是,养老服务是一种全人、全员、全程服务。所谓"全人"服务是指养老机构不仅要满足老人的衣、食、住、行等基本生活照料需求,还要满足老人医疗保健、疾病预防、护理与康复以及精神文化、心理与社会等需求。要满足入住老人上述需求,需要养老机构全体工作人员共同努力,这就是所谓的"全员"服务。绝大多数入住老人是把养老机构作为其人生最后的归宿,从老人入住那天开始,养老机构工作人员就要做好陪伴老人走完人生最后里程的准备,这就是所谓的"全程"服务。

入住养老机构的老人平均年龄为75岁。增龄衰老,自然使老人成为意外事件、伤害、疾病突发死亡的高危人群。此外,养老服务业又是一个投资大、回报周期长、市场竞争激烈的高风险行业。如果没有市场意识、经营意识、严格的管理和风险防范机制,必然会增加养老机构投资与经营风险。

民政部原部长李立国在全国社会养老服务体系建设工作会议上指出,养老机构在建设档次上,一般应当保持非营利属性,不得片面追求高档、豪华;公办养老机构尤其要杜绝档次偏高现象,避免产生社会福利分配不公问题。在养老机构建设运营上,坚持按标准建设和实际适用相并重。为了发挥对社会养老服务发展的支撑作用,养老机构建设既要符合相关标准规范,又要立足实际适用,实现可持续发展。按标准建设,就是养老机构建设必须符合老年人居住建筑、社会福利机构、养护院及社区日间照料中心等标准化要求,实现规范化设计、建设和管理。实际适用,就是养老机构建设必须立足实际,量力而行,不超越经济社会发展水平。在建设重点上,要优先发展供养型和养护型养老机构。在建设区位上,要推行社区化,方便老年人参与社会生活,防止因选址不合理造成床位闲置。在建设规模上,不单纯追求超大规模,避免养老机构大而不当、入住率低。

养老服务设施建设要充分整合和利用现有资源,盘活存量资产,避免盲目发展、重复建设和资源浪费。要鼓励通过置换或转变用途等方式,改造闲置的医院、企业、农村集体房屋及各类公办培训中心、活动中心、疗养院、旅馆、招待所等,用于建设养老服务设施。

(三) 服务宗旨

宗旨是目的和意图之意。养老机构的服务宗旨是安排、照料、护理好老人,让老年人满意、亲属放心,为政府和社会分忧。只追求经济利益而不顾老人的安危、冷暖和利益,这样的机构将会招致社会舆论的谴责和法律的制裁。我国《老年人社会福利机构基本规范》(2001)要求各养老机构在建院之初都必须明确其服务宗旨,并严格按照所设定的服务宗旨开展养老服务工作。当然,养老机构服务宗旨在具体宣传、表述方式上可以存在差别。目前国内较为普遍采用的描述语言有"尊老、敬老、爱老、热情、周到、服务""关爱、真诚、沟通、服务""勤恳、热诚为入住老人服务""老人至上、服务第一""让老人满意,让亲属放心"和"替儿女尽孝,为政府分忧"等。此外,亦可结合机构的名称巧妙制定。

(四) 机构类型

1. 敬老院

中国的敬老院是在农村"五保户"的基础上发展起来的。1956年农业合作化时期,农业生产合作社对缺乏劳动能力、生活没有依靠的鳏、寡、孤、独者,实行保吃、保穿、保住、保医、保葬(儿童则为保教),简称"五保"。2014年我国《社会救助暂行办法》将"农村五保对象"直接确定为"特困人员"。敬老院是农村集中供养"五保老人"的场所,"五保老人"供养是国家举办的农村福利事业的组成部分。收养的"五保老人"依靠集体供养为主,辅之国家和社会必要的援助,他们的吃、穿、住、医、葬的费用,由农村集体经济组织支付。现在的敬老院,主要是指在城市街道,农村乡镇、村组设置的供养"三无"老人、特困人员、残疾人员和接待社会寄养老人安度晚年的养老服务机构,设有生活起居、文化娱乐、康复训练、医疗保健等多项服务设施。

2. 福利院

福利院是国家、社会及团体为救助社会困难人士、患者而创建的,为他们提供衣食住宿或医疗条件的福利事业单位。被收养人员的一切生活费用由政府承担。

(1)社会福利院。社会福利院主要任务是收养市区"三无"老人、孤残儿童、弃婴,实行养、治、教并举的工作方针,保障弱势群体的合法权益,维护社会稳定。

(2)老年社会福利院。享受国家一定数额的经济补助,接待老年人安度晚年而设置的社会养老服务机构,设有起居生活、文化娱乐、医疗保健等多项服务设施。

3.农村幸福院

农村幸福院是由村民委员会主办和管理,立足于日间休息、休闲娱乐等综合性日间照料服务的公益性活动场所,同时也能让农村非特困人员老有所养、老有所乐。农村幸福院不同于现有的乡镇敬老院和社会办养老院,其经营方式灵活,场地较小,便于管理,生活居住条件相对简单。

4.养老院

养老院主要是为老年人提供集体居住,并具有相对完整的配套服务设施,是专为接待自理老人或综合接待自理老人、介助老人、介护老人安度晚年而设置的社会养老服务机构。养老院设有生活起居、文化娱乐、康复训练、医疗保健等多项服务设施。我国的养老院主要收住居家养老有困难的老人,而且一切费用自理。养老院大多是民办的养老机构,与社会福利院和敬老院不同,它具有自负盈亏的商业服务性质。养老院的法人、建设、经营、管理等,由民政和其他相关部门监督管理。

5.老年公寓

老年公寓是由政府和社会力量按照市场原则兴建的专供老年人居住的单元楼,单元楼中的单元房面积有大有小,入住者可买可租。

老年公寓是专供老年人集中居住,符合老年体能心态特征的公寓式老年住宅,具备餐饮、清洁卫生、文化娱乐、医疗保健等服务体系,是综合管理的住宅类型。老年公寓是指既体现老年人居家养老,又能享受到社会提供的各种服务的老年住宅。在北京、上海等大城市,老年公寓已经很普遍,并且出现低、中、高档分级。

老年公寓与养老院性质大同小异。老年公寓与养老院的相同之处在于,两者都以个人交费为主,有别于福利救济型的社会福利院;不同之处在于,养老院是集体食宿的住院养老方式,而老年公寓则是独立住单元房的居家养老。老年公寓的单元房可以买卖和租用,而养老院的居室只能租用。

6. 护老院

专为接待介助老人(生活行为依赖扶手、拐杖、轮椅和升降设施等帮助的老年人)安度晚年而设置的社会养老服务机构,设有生活起居、文化娱乐、康复训练、医疗保健等多项服务设施。

7. 护养院

又称为"护理养老机构"或"护理院",专为接收生活完全不能自理的介护老人安度晚年的社会养老服务机构,设有起居生活、文化娱乐、康复训练、医疗保健等多项服务设施。

8. 护理院

护理院是指由医护人员组成的,在一定范围内,为长期卧床老年患者、残疾人、临终患者、绝症晚期和其他需要医疗护理的老年患者提供基础护理、专科护理,根据医嘱进行支持治疗、安宁护理、消毒隔离技术指导、社区老年保健、营养指导、心理咨询、卫生宣教和其他老年医疗护理服务的医疗机构。根据中国老龄事业发展基金会举办的爱心护理工程,全国各地均有专业爱心护理院服务各类老年人群。

（五）养老机构应具备的条件

1. 有名称、住所、机构章程和管理制度；
2. 有符合养老机构相关规范和技术标准，符合国家环境保护、消防安全、卫生防疫等要求的基本生活用房、设施设备和活动场地；
3. 有与开展服务相适应的管理人员、专业技术人员和服务人员；
4. 有与服务内容和规模相适应的资金；
5. 床位数在20张以上；
6. 法律、法规规定的其他条件。

二、养老机构服务规范

（一）养老机构服务工作准则

1. 坚持"一切为了老人，一切服务老人"的以人为本的服务理念。
2. 以健康长寿为中心，以思想活跃起来、身体活动起来为基本点。
3. 视院民为父母，强化责任，精心服务，吃苦耐劳，敬业奉献。
4. 坚持做到"三不""四勤"：对院民的合理要求不推诿，对特殊性格的院民不厌烦，对残疾院民不歧视，做到眼勤、嘴勤、手勤、腿勤。
5. 做到"五轻"：说话轻、关门轻、动作轻、走路轻、搓澡轻。
6. 尽好"五心"：服务热心、解释耐心、观察细心、护理精心、听意见虚心。
7. 落实"七点"：微笑露一点，嘴巴甜一点，做事多一点，理由少一点，度量大一点，脾气小一点，效率高一点。
8. 力争六个"第一"：以院为家为第一起点，爱岗敬业为第一责任，以人为本为第一原则，院民需求为第一信号，院民利益为第一考虑，院民满意为第一标准。

（二）养老机构工作人员守则

1. 不阳奉阴违、损人利己。
2. 不违反院内各项规章制度。
3. 不先斩后奏，坚持先请示后汇报。
4. 不搞个人特殊化。

5. 不擅办收养人员入、离院手续。

6. 不搞赌博和封建迷信活动。

7. 不贪污、挪用、多吃多占供养人员生活经费。

8. 不强迫收养人员参加院内体力劳动。

9. 不打骂、刁难、虐待、歧视供养人员。

10. 不搞铺张浪费。

(三) 养老机构院民守则

1. 自觉遵纪守法,关心集体,爱护公物,做到以院为家,积极参与院内组织的各项活动。

2. 尊重领导,服从管理,搞好团结,友好相处,互相关心,互相帮助,争做文明院民。

3. 保持和维护环境的整洁卫生,不随地吐痰,不乱丢杂物,生活用品摆放要服从院里统一规定。

4. 讲究个人清洁卫生,注意衣着整洁,保持健康的精神状态。

5. 爱护院内设备设施,不随意涂画或张贴。

6. 不浪费粮食,节约用电、用水、用钱。

7. 不准在院内从事封建迷信及宗教活动,不准外出乞讨、捡垃圾等。

8. 不赌博,不酗酒,不骂人吵架,讲文明,讲礼貌。

9. 外出走亲访友履行请假登记手续,不经院方同意,不得擅自外出。

10. 自觉锻炼身体,积极参加院内力所能及的劳动,促进身体健康。

(四) 养老机构"五好"院民标准

1. 以院为家,遵守制度好。

2.团结友爱,政治思想好。

3.生活整洁,卫生环境好。

5.热爱劳动,集体生活好。

6.锻炼身体,文娱活动好。

(五)养老机构院民管理常识

1.自觉遵守院内各项规章制度,服从领导,有事外出必须请假。

2.发扬团结友爱精神,做到互相帮助、关心和爱护。

3.在力所能及的情况下,积极协助工作人员搞好院内管理,适当自愿参加劳动。

4.树立"以院为家"思想,爱护公共财物。

5.在日常生活上,凡能自理的事情应自己去做。

6.讲究公共卫生和个人卫生,做到不随地吐痰,不乱扔杂物,饭前洗手,饭后漱口,晚上洗脚,常换内衣。

7.能自理的院民应自觉搞好室内卫生。

8.积极提出合理化建议和意见。

(六)员工考勤管理规定

1.考勤时间

(1)根据劳动法规定,结合本行业特点,每日工作时间为:冬季上午8:00～12:30,下午14:00～17:30;夏季上午8:00～12:00,下午14:30～17:30。具体作息时间根据岗位区分。

(2)按照各自岗位的作息时间上下班,不得迟到、早退。

2.考勤办法

(1)执行考勤打卡制度,每天应于上班时间前签到,下班时间后后签退,在院住宿员工需按照同样时间于值班室打卡,不打卡者按旷工处理。

(2)休假或外出公务者不必签到、签退,但必须填写外出公务登记表,部门负责人签字备案,不备案者视为旷工。

(3)因合理原因未签到者应在当日工作结束前将部门负责人证明交到办公室备案,不备案者视为旷工。

3.违反考勤规定的处罚

(1)上班迟于规定时间5分钟后视为迟到,60分钟(含)以上视为旷工;下班早于规定时间5分钟视为早退,60分钟(含)以上视为旷工。

(2)原则上,迟到或早退一次乐捐10元,旷工一次(不超过一天)乐捐30元,每月迟到、早退三次,旷工一次扣除本月全勤奖。月度累计旷工两次或以上者,院方有权要求其自动离职(同时给予乐捐处理)。中途离岗按旷工处理。

4.假务管理

(1)请假类别

假别	请假期限	请假原因	证明	工资	备注
产假	90天	本人生产	准生证、医院证明	扣除当日考勤绩效	保留岗位
婚假	一般3天,晚婚7天	本人结婚	结婚证书	扣除当日考勤绩效	保留岗位
丧假	直系3天,旁系1天	亲属去世	讣告或证明	扣除当日的考勤绩效	保留岗位
事假	年7天	因事	请假单	扣除当日工资和全部考勤绩效	超期辞退

续表

假别	请假期限	请假原因	证明	工资	备注
病假	年15天	因病	医院证明	连休3天及以内仅扣除所有考勤绩效,3天以上扣除全额考勤绩效和基本工资	连休10天以上者,不保留岗位
工伤假	年180天	执行公务受伤	医院证明、院长签批	3天及以内仅扣除当日考勤绩效,3~15天扣除当月全额考勤绩效,15天及以上仅发基本工资津贴	连休15天以上者不保留岗位
零星假	每月半天	个人有急事	理由充分	全额工资	保留岗位

（2）请假程序

①员工请假必须填写《请假单》经批准后方可休假；特殊情况电话请假不得超过一天，返回后补《请假单》；无特殊情况而不办理手续者视为旷工。

②员工请假在1天以内由部门负责人审批，1天以上的由院长审批。

③部门负责人请假书面报院长审批。

④请假者应按时返岗，不经批准私自超假一天以内按旷工论处，超假2天视为自动离职。

⑤试用期间不准请假，特殊情况需请假者，试用期向后顺延。

⑥请零星假，必须理由充分，不得欺瞒，事前如无法请假必须电话通知主管部门负责人，当日补填请假单交与办公室。

⑦员工请假（除零星假外），扣除当月全勤奖。

(七) 养老机构院务管理

1. 院务管理委员会

(1) 主要职责

贯彻落实特困人员救助供养有关方针、政策,参与敬老院(幸福院)的日常管理及生产生活等方面的计划安排,负责实施民主监督,对照检查规章制度执行情况,讨论财务开支,行政管理等重大事项;保障院民的合法权益,协助工作人员做好管理工作。

(2) 人员组成

①院务管理委员会由主任委员和委员组成。

②院长任院务管理委员会主任委员。

③院务管理委员会委员由全体院民及工作人员选举产生,其中院民代表不得低于三分之一。院务管理委员会每年换届一次,可连选连任,因特殊原因不能履行职责或20%以上院民联名要求改选的,可实时进行改选。

(3) 工作制度

①院务管理委员会审议的事项,由主任委员(院长)提出。院长因故不能参加会议可以书面委托其他委员提交。

②院务管理委员会会议由主任委员召集和主持。主任委员因故不能主持,应书面委托其他委员主持召开。

③院务管理委员会会议原则上每月举行一次,如需要可临时召开。

④院务管理委员会会议必须在院委员会成员三分之二以上到会方能举行。院委会成员不能出席会议时,对会议议题如果有意见或建议,可在会议召开前提出,或委托其他院委会成员在会议上提出。

⑤院务管理委员会会议每月举行的日期和议题,除临时召集的以外,一般应在会议举行前一天通知与会人员。

⑥院务管理委员会会议都必须做好会议记录。

⑦院务管理委员会会议的情况,可根据会议要求和工作需要,经主任委员(院长)同意,在适当范围内通报。

(4)工作职责

①膳食管理组

a.科学管理食堂,建立健全各项岗位责任制,确保伙食质量、食品卫生,满足老人需要。

b.定期检查饭菜的种类,制定每周菜谱,注意营养,合理配料,减少浪费,提高伙食质量。

c.监督检查食堂物资保管情况,检查采购人员外购食品的质量、数量、价格情况。

d.抓好食堂的饮食卫生、环境卫生、炊事人员个人卫生以及安全工作,严防食物中毒和其他意外事故的发生。

e.严格掌握食堂用粮、用菜情况,以及其他物品、食品的使用情况,做到勤俭节约,杜绝浪费。

②生产经营组

a.负责菜地和养殖场的种植养殖计划。

b.组织自愿劳动。院民从事生产劳动并认真记录劳动情况,每月与财务结算并公示。

c.收获院内种植、养殖产品,过秤并建账记录。

③环境卫生组

a.负责监督并保持院落卫生,做到无杂物堆放、无垃圾。

b.负责协助维护院内绿化的保养和浇灌。

c.负责协助照护员维护楼内卫生,应协助制止在楼道乱扔垃圾、在房间堆放杂物。

④安全保卫组

a.确保敬老院的安全和谐,维护正常的工作和生活秩序。

b.防止人员携带违禁品、危险品进入院内,禁止私带公物出敬老院变为己有,对所有进出物品的装卸进行监督检查。

c. 单位大门值勤，做好外来访客、职工和老人的出入登记。

d. 确保用电安全，做到防火、防盗、保证安全。

e. 维护敬老院秩序，杜绝打架斗殴。

⑤ 文体活动组

a. 负责组织开展适合老年人的文体活动。

b. 负责院内阅览室和其他文体活动器材的保管、房屋器材的使用和卫生维护。

c. 认真记录工疗室做工情况，上报财务进行公示。

⑥ 财物管理组

a. 做好预决算工作，及时上报有关财务会计表，定期编写财务收支情况分析，按时公布收支情况。

b. 认真做好会计核算，按规定的会计科目做账，日清月结，及时编制记账凭证。

c. 及时清理债权、债务，做好固定资产登记管理。

d. 做好财务档案保管和保密工作，发挥财务监督和保障作用。

e. 妥善保管会计凭证、账册等档案资料，做好社会捐赠物资、现金账务工作。

f. 做好仓库的物资和账目，严格物资进出库手续。

g. 做好库房的盘点工作，做到日清月结。

h. 库房物资妥善保管，做好收、支、晒、封、贮、藏等各项工作。

i. 每年度末组织人员对院内财物进行清理核算，进行登记并做好记录。

（八）养老护理员礼仪须知

1. 养老护理员基本礼仪要求

（1）仪容仪态。着装应得体，力求洁净大方；为老年人服务时应穿工作服，脏后要及时更换。

(2)行为举止。举止端庄,以轻稳为宜。工作时始终保持乐观的情绪,面带微笑。

(3)礼貌用语。富有情感,语言内容要严谨高尚;言语要清晰、温和,语调适中,礼貌称呼老人。

2. 养老护理员职业道德规范

爱岗敬业,关心老人;
甘于奉献,主动热情;
勤学苦练,提高技能;
周到服务,亲切温馨。

3. 养老护理员职业行为规范

(1)遵守护理人员职业道德规范,热爱本职,忠于职守,遵守规章制度,对工作积极负责,对老人积极热忱。

(2)满足老年人生理、心理、安全、求和、爱美的需要,使之处于最佳心理状态。

(3)尊重老人权利,对院民一视同仁,做老人利益的忠实维护者。

(4)真诚待人,互敬互让,虚心接受意见,与同事通力合作。

(5)举止端庄,文明礼貌,态度端正,遵纪守章,助人为乐。

(6)廉洁奉公,不接受家属馈赠,不言过其实,不弄虚作假。

(7)爱护公物,勤俭节约。

(8)以奉献为本,自尊自爱,自信自强。

(9)在上班时间内不得擅自外出,不得随意带外人入内。

(10)不做一切有损于本院荣誉的事情。

(11)工作中如出现紧急事务要及时报告本院有关人员。

4. 养老护理员语言规范

(1)语言规范基本要求

①工作时间、学术交流、会议,提倡使用普通话。

②文明礼貌用语,耐心诚恳。

③提出请求,"请"字在先;获得帮助,及时致谢;打扰别人,诚心道歉;首问负责,及时解答。

(2)与院民交流时的基本用语

请、你好、谢谢、对不起、请原谅、不客气、谢谢合作等。

(3)电话用语

①你好!这里是××楼(室),请问您找谁?请稍等。

②对不起,××(加上称谓)不在,我可以帮您转告吗?

③对不起,××(加上称谓)有事外出了(或去哪里了),大概××点能回来,请您××点以后打来好吗?

④对不起,现在是巡房和护理时间,如果不是太急的话,请您××点以后再打来好吗?

(4)入住接待用语

①您好!欢迎您来我中心入住休养,我是护理员××(可以叫我××)。今后您有什么事可以找我。

②"我叫××,是您的责任护理员,负责您的生活护理,如果有服务不周的地方,请您随时提出来,我将及时改正,希望我的服务能让您满意!"

③请您先测体重。

④您被安排在××栋××层的××(房号),我带您过去。

⑤您的主管护理员是××,他们很快就会来看您。

⑥您有什么要求,请告诉我们,我们将尽量帮助您。

⑦希望您在我院入住期间心情好。

⑧对休养员的称呼:称呼时,态度要和蔼可亲。

(5)尊称/敬称

对院民可称为:××大爷(大伯)、××大娘(大婶)、××师傅、××(爷爷/奶奶)等尊称。

(6)护理用语

①晨间护理。"××(爷爷/奶奶等尊称)早上好,请问您昨晚睡

得好吗？""我们开始整理房间了，请配合一下，谢谢。"

②晚间护理。"××（爷爷/奶奶等尊称），我来帮您洗脸洗脚（洗头、擦身等）。""祝您晚安！"

③服药前。"××（爷爷/奶奶等尊称），请您服药，我为您倒水。"必须核对药名药量，倒温开水。

④"您如果有事，请按指示灯，我会随时来的。"

⑤护理处理完毕。"谢谢您的配合，有什么不舒服，请及时告诉我们。"

⑥"请您不要着急，我马上通知××来看您。"

（7）赞赏语

当院民配合你护理时应及时给予赞赏："真不错""对极了""非常好"等。

（8）管理用语

①请协助我们保持房间环境卫生，谢谢！

②院民该休息了，请下次再来，好吗？

③对不起，陪伴人员不能睡休养员的床，谢谢合作！

④同志，对不起，为了您和休养员的健康，请不要在病房吸烟，谢谢！

⑤请您说话小声一点，可以吗？

⑥为了保持房间安静，我们希望您只留一个人陪伴，谢谢支持。

⑦请不要随地扔纸屑、果皮，不要往窗外倒水。

⑧请多提意见，我们将尽力解决。

⑨请保管好自己的物品，谨防遗失。

（9）征询用语

您需要我帮助吗？我能为您做什么吗？这药用后您好些了吗？晚上您想吃什么吗？

（10）推托语

当你遇上不能满足服务现象的个别要求或要求不合理应说："这事我不太清楚，我去问主管护理或管理人员再告诉您好吗？"

5.养老护理员服务禁语

(1)禁止使用让人感觉不尊重的命令式的或无称谓的语句

①躺(坐)那儿,别磨磨蹭蹭的!

②嗨,××床!(不称呼姓名)

③把裤子脱了(把衣服撩起来)!

④起来啦,整理床了。

⑤没到××时间,都出去!

⑥在这儿签个字,快点!

⑦都停下来,我们要检查了!

⑧把证件(证明、资料)都拿出来,让我看看!

(2)禁止使用侮辱人格、讽刺挖苦,可能让人羞涩的语句

①有什么不好意思的,都这份儿上了!

②瞧着点儿,没长眼睛呀!

③这么大人,怎么什么都不懂!

④活该!

⑤没钱就别来这儿住!

⑥干吗起这名字!

⑦你这样的见多了,有什么了不起的!

⑧到这儿撒野来了!

(3)禁止使用不耐烦、生硬的语句

①你这人怎么事儿这么多,讨厌!

②没什么,死不了!

③嫌慢,你早干什么来着!

④这儿交班(开会、结账)呢,外面等着去!

⑤哪儿凉快哪儿歇着去!

⑥这是法律法规规定的,你懂不懂!

⑦材料不齐,回去补去!

⑧上面都写着呢,自己看去!

⑨查户口的,你管我姓什么!

(4)禁止使用不负责任的推托语句

①不知道!

②这事别来找我,我不管!

③谁和你说的(谁答应你的),找谁去!

④快下班了,明天再说!

⑤我下班了,找别人去!

⑥没上班呢,等会儿再说!

⑦机器(仪器)坏了,谁也没辙!

⑧嫌这儿不好,到别处去!

⑨我就这态度,有意见,找头儿去!

⑩这地方写得不对,找××改去!

(5)禁止使用含混不清、增加疑虑的语句

①好坏谁也不敢说,没准儿。

②你这事不太好办呀。

③也许不要紧(没关系)。

(6)养老护理员行为举止基本要求

①着装

a.护理员工作时应着工作服,戴护士帽,佩戴胸牌。

b.保持着装整洁,不得粘贴胶布、别大头针,衣帽不得翻在工作服之外。裙下摆及大脚裤不外露于工作服外。

c.保持鞋面清洁,不得穿拖鞋或响底鞋,鞋跟不得过高。夏天不穿深色长袜,颜色要协调。

②仪容

a.提倡护理员淡妆上岗,精神饱满,情绪稳定、乐观,微笑服务。

b.保持头发整洁,戴护士帽时长发应套在发网内或卷到头上,短发不能过肩,前发不能过多披散在前额,禁染彩色头发或挑染。

c.保持手的洁净,不得留长指甲,上班时间不得佩戴耳环、戒指、手镯等。

③举止

a. 护理员举止的基本要求。

工作期间必须举止端庄、谈吐文明、态度和蔼、姿态良好。

b. 保持良好的站、坐、行姿态。

站立时：挺胸、收腹、下颌内收，两眼平视，两腿靠拢，双手自然下垂或在体前交叉。

坐立时：上身端正挺直，两肩放松，下颌内收，颈挺直，胸部挺起，使背部和大腿成一直角，双膝并拢。双手自然放在双膝上，或放在椅子扶手上，谈话时，可以侧坐，此时上身与脚同时向一侧，把双膝靠紧后收。

c. 工作环境中，不得袖手、背手和将手插在衣袋，不得嬉笑、打闹、搭肩或在岗吃东西。

d. 参加中心组织的学习、集会，要按规定时间到会，遵守会场秩序，保持良好坐姿，不开小会，不随意讲话。

e. 护理操作时的举止要求。

在房间巡视中，不靠、坐床，不吃院民的东西，不与院民或家属开玩笑。

院民离院要主动征求意见，并热情相送。请走好，一路平安，多保重。

做各种护理时，需端盘或推护理车，按有关操作规范执行。

尊重院民知情权，但同时要注意保护性护理制度，不讲不利于院民入住的话。

做护理时不能只呼床号，而应呼叫床号和姓名。

做护理结束时，应帮助患者整理衣物，拉下衣袖等，整理好床铺，收拾好用物。

④工作要求

a. 工作中做到"四轻"，即说话轻、走路轻、操作轻、关门轻，走路时不准手挽手及勾肩搭背。

b. 衣帽整齐，穿工作鞋、肉色或白色浅袜，夏季穿长袜。

c. 上岗不戴耳环、戒指、手镯,不着浓妆。

d. 头发不过肩,长发戴发网,不染彩妆;不留长指甲,不染指甲。

e. 上班不迟到、早退,不无故请假。

f. 为患者处置时不接打手机,不干私活,不打电脑游戏,不会客。

g. 不扎堆聊天,不看电视及与工作无关的杂志、报刊。

h. 上班时间不脱岗、不睡觉,在岗不准吃零食。

i. 两人不同时坐一把椅子。

j. 语言文明,不与患者争吵、顶撞,做好保护性护理。

⑤"五心"

a. 接待休养员要热心。

b. 做护理工作要精心。

c. 解释工作时要耐心。

d. 休养员疾苦要关心。

e. 巡视房间时要细心。

⑥"五及时"

a. 巡视房间要及时。

b. 危急抢救要及时。

c. 生活护理要及时。

d. 护理记录要及时。

e. 执行医嘱要及时。

⑦"三交""三接""三清"

交接班中要求做到三交、三接、三清。

三交:书面交班、口头交班、床边交班。

三接:休养员情况交接、治疗护理交接、抢救器械使用交接。

三清:口头讲清、书面写清、床边看清。

三、人员配置和职责范围及服务规范

（一）行政工作人员

1. 县级民政部门工作人员

（1）贯彻落实国家和省、市养老相关政策和制度。

（2）负责本行政区域内特困人员供养机构的审批、监督、指导工作。

（3）指导养老机构建设和服务管理工作，定期或不定期到养老机构开展安全生产检查，督促指导各项工作。

（4）做好群众信访、举报的接待和查处工作，妥善处置养老机构与院民矛盾、纠纷。

（5）一旦发现险情或事故，要靠前指挥，及时组织力量进行妥善处置，按规定程序及时上报，不得漏报、瞒报、迟报。

2. 乡镇政府及民政所工作人员

（1）贯彻落实国家法律、法规、政策和省市区县民政部门法律、法规及各级领导关于民政工作的指示精神。

（2）负责组织实施本行政区域内养老服务机构的建设、管理、监督和指导等工作。

（3）认真组织开展本辖区内老年人调查摸底工作，了解老年人生活、身体状况，及时向县级主管部门反馈。

（4）定期或不定期到养老服务机构检查指导工作，督促落实各项规章制度。

(5)一旦发现险情或事故,要在第一时间赶赴现场,及时组织力量进行妥善处置,按规定程序及时上报,不得漏报、瞒报、迟报。

(二)养老机构负责人

1. 条件

(1)遵守国家宪法和法律,具有良好的品行;热爱养老事业,有奉献精神。

(2)符合国家公共场所从业人员体检标准和岗位要求的基本素质,身体健康,五官端正,有从事养老工作经验者优先录用。

(3)爱岗敬业、尊重老人、关心老人身心健康。

(4)具有高中(中专)及以上学历。

(5)年龄要求:男,30～55周岁;女,30～50周岁。

2. 岗位职责

(1)认真贯彻执行党和国家政策、法律法规,主持养老机构全面工作。

(2)热爱敬老院事业,树立以院为家思想,团结工作人员,调动工作人员的积极性,勤政廉洁,做好表率,将养老机构建设成一个团结、活泼、服务优质高效的集体。

(3)制定本院长远规划和年度计划,并组织实施。对工作有布置、有检查、有汇报。

(4)教育职工树立全心全意为院民服务的思想,提高服务质量,定期检查督促院内各项规章制度的落实。

(5)加强学习,不断提高管理水平和业务能力,深入院民中了解情况,掌握院民思想动态,及时发现处理问题,严防责任事故发生。

(6)加强对财务和捐赠款物的管理,加强安全工作,加强与上下级和有关部门单位的协调,为养老机构营造一个安全、和谐、稳定的良好环境。

（7）抓好院内经济，改善在院老人居住环境，提高老人生活水平。

（8）组织老人开展形式多样的文体活动，丰富院民的精神生活。

（9）抓好养老机构治安防范、安全保卫、突发公共事件预防等工作，制定相关应急预案。

（三）服务人员

1. 护理员

根据服务对象人数和照料护理需求，养老服务机构的护理人员的配备原则上按照与全自理供养人员不低于1∶10、与半自理供养人员1∶4、与全护理供养人员1∶1.5的比例进行配备。

（1）条件

①热爱祖国，热爱人民，遵纪守法，积极拥护贯彻党的各项路线、方针、政策，积极工作，有尊老爱幼的品德，有责任心，有奉献精神，乐于助人，立志献身敬老事业。

②具有本县户籍的城乡居民，年龄在30～50周岁。

③身体健康，无传染性疾病。

④高中（中专）及以上文化程度。

⑤具有护师（护工、护士）从业资格证书，或有从事相关工作经验者优先。

（2）岗位职责

①全心全意为老人服务，态度热情、和蔼、有礼貌，不准冷言冷语，更不得指责、吵骂。

②照顾老人日常生活，做好老人卫生工作，定期为生活不能自理的老人拆、洗、晒衣被；衣服做到春季三日一洗，夏季每日一洗，秋季每周一洗，冬季每旬一洗，被褥每月拆洗一次。

③负责生活不能自理老人房间的清洁卫生工作，做到窗明几净，

空气新鲜,衣物摆放有序,被褥叠放整齐,杂物放置有序,无蝇、无蚊、无异味、无破乱,地面墙壁整洁。

④关心老人生活,及时照顾护理,对卧床不起、行动不便、饮食有困难的老人要饭菜端到床前,喂饭、洗脸、洗脚、处理便溺,不嫌脏怕累。

⑤关心老人的心理健康,经常与老人交谈,了解他们的想法,掌握他们的要求,疏导他们的情绪。

⑥积极动员并帮助老人参加有益于身心健康的文化、娱乐、体育活动,帮助他们多运动、多晒太阳。

⑦学习掌握有关卫生保健和营养知识,帮助老人理发、洗澡,帮助老人养成良好的卫生习惯。

⑧完成工作责任区和卫生包干区的任务。

(3)工作流程

①每日上班后,佩戴上岗证,与上一班工作人员做好交接班,询问老人夜间身体状况,查看各项记录,并到室内把窗户打开通风换气。

②与院长及其他服务人员召开会议,拟定当天日程安排。

③就餐前,组织老人做好日常洗漱,帮助身体欠佳的特困人员做好洗漱。

④开饭时,督促特困人员排队领取饭菜并实时观察老人就餐情况,做好记录。饭后做好餐具清洁工作。

⑤餐后按照当天拟定的方案,根据老人的体能情况,适当地组织老人参加各种文体活动并做好记录。

⑥晚饭后,组织老人洗漱就寝并为老人准备开水。

⑦例行夜间巡视,遇见突发情况及时处理并上报上级负责人。

⑧填写夜间巡逻报告。

时间	工作内容
7:00—7:30 晨间护理	工作内容:1. 清晨问好,护理员与夜间值班人员交接班,了解老人身体状况。 2. 开窗换气,辅助(督促)老人晨间洗漱。
7:30—8:00 早餐时间	工作内容:1. 组织老人到餐饮区就餐或护理员辅助卧床老人床前就餐,观察并记录老人就餐情况,如有突发事件及时处理并汇报上级负责人。 2. 老人餐后的清洁服务。
8:00—8:30 交接班会议	工作内容:工作人员交接班会议(前一天工作情况总结,当天工作安排)巡视重点老人。
8:30—11:30 整理老人房间内务,组织老人参加各种文体活动	工作内容:1. 征求老人同意后方可进入房间按照需求整理房间内务并打扫室内卫生。 2. 整理内务期间多与老人沟通,了解其健康、饮食、心理情况,如发现异常及时向上级负责人汇报。 3. 根据老人的体能情况,适当地组织老人参加各种文体活动。4. 自由结合,根据情况安排老人的自由活动时间。
11:30—12:00 午餐时间	工作内容:1. 组织老人到餐饮区就餐或护理员给予卧床老人床前就餐,观察并记录老人就餐情况,如有突发事件及时处理并汇报上级负责人。 2. 老人餐后的清洁服务。
12:00—14:30 午休时间	工作内容:1. 组织并督促老人养成午休习惯。 2. 午休期间巡视。 3. 服务人员休息。
14:30—17:30 整理老人房间内务,组织老人参加各种文体活动	工作内容:1. 征求老人同意后方可进入房间按照需求整理房间内务并打扫室内卫生。 2. 整理内务期间多与老人沟通,了解其健康、饮食、心理情况,如发现异常及时向上级负责人汇报。 3. 根据老人的体能情况,适当地组织老人参加各种文体活动。4. 自由结合,根据情况安排老人的自由活动时间。

三、人员配置和职责范围及服务规范

(续表)

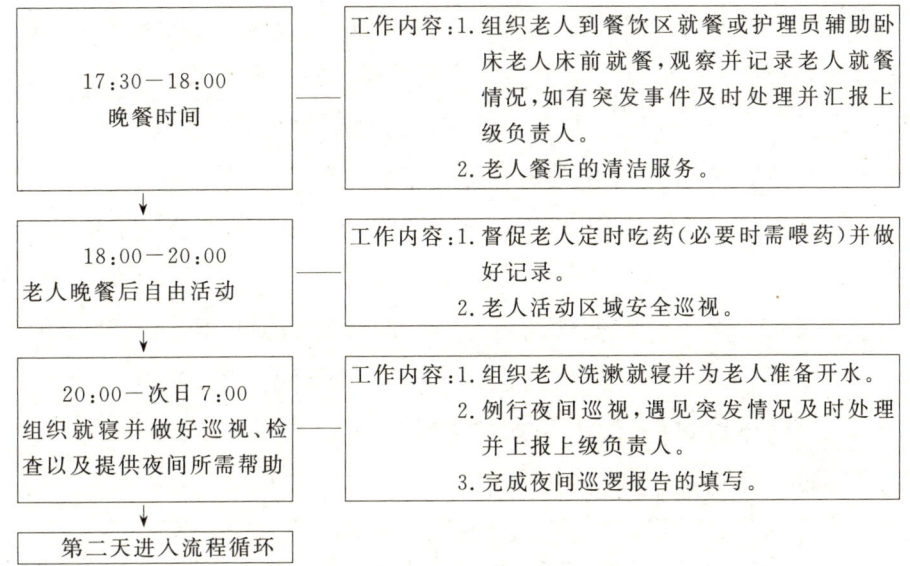

养老机构护理人员操作流程图

2. 炊事员及帮厨

(1)条件

①热爱祖国,热爱人民,遵纪守法,积极拥护贯彻党的各项路线、方针、政策,积极工作,有尊老爱幼的品德,有责任心,有奉献精神,吃苦耐劳,乐于助人,立志献身敬老事业。

②具有本县户籍的城乡居民,年龄在30～50周岁。

③有健康证,无传染性疾病。

④高中(中专)及以上文化程度。

⑤具有厨师等级证书,或有从事相关工作经验者优先。

(2)岗位职责

①严格执行食品卫生法的相关规定,认真落实餐具清洁卫生制度,生、熟分开制度,餐具消毒制度,室内紫外线消毒制度。

②按照一周食谱要求和老人饮食习惯及季节变化特点,科学拟订适合老人健康的食谱。

③不得采购霉烂变质食物,生食和熟食、食品和原料都要分开存放,防止交叉污染。

④采购员与炊事员要有记账和食品验收手续。

⑤严格执行卫生制度，做好卫生安全防范措施，消灭四害，严防食物中毒，加强环境及个人卫生，分餐前要洗手、戴口罩和帽子。厨房卫生做到每日一小扫，每周一大扫，每月彻底洗刷；餐具洁亮，门、地面光亮，墙脚无污垢；餐厅内外保持清洁、整齐。

⑥精打细算，节约用米、面、油、燃气、水、电，爱护公物，管好物资。

⑦深入了解老人对伙食的意见、建议，不断改进工作。

⑧厨师、炊事员要严格执行餐前食品留样制度。

⑨定期体检，持有健康证方可上岗。

(3)工作流程

时间	工作内容
6:00—7:00 早餐准备时间	1.更换工作服(帽)，持证上岗 2.厨房、餐厅房门开锁，开窗换气 3.检查厨房电器运行情况 4.根据健康食谱烧制早餐
7:00—8:00 早餐时间	1.餐前食品留样 2.组织老人就餐 3.为老人盛够足量饭菜
8:00—10:00 采购食材时间	1.打扫厨房、餐厅卫生，对厨具、碗筷进行消毒 2.配合院长采购当天及次日的食材
10:00—11:30 午餐准备时间	1.检查库房食材情况 2.准备午饭所需食材 3.检查天然气灶、冰箱、食品留样等是否正常 4.烧制午餐
11:30—12:00 午餐时间	1.餐前食品留样 2.组织老人就餐 3.为老人盛足量饭菜
12:00—15:00 休息时间	1.打扫厨房、餐厅卫生和厨具、就餐碗筷消毒 2.确定厨房无人后落锁 3.休息
15:00—17:30 晚餐准备时间	1.更换工作服(帽)，持证上岗，检查库房食材情况 2.准备晚饭所需食材 3.检查天然气灶、冰箱、食品留样等是否正常 4.烧制晚餐

三、人员配置和职责范围及服务规范

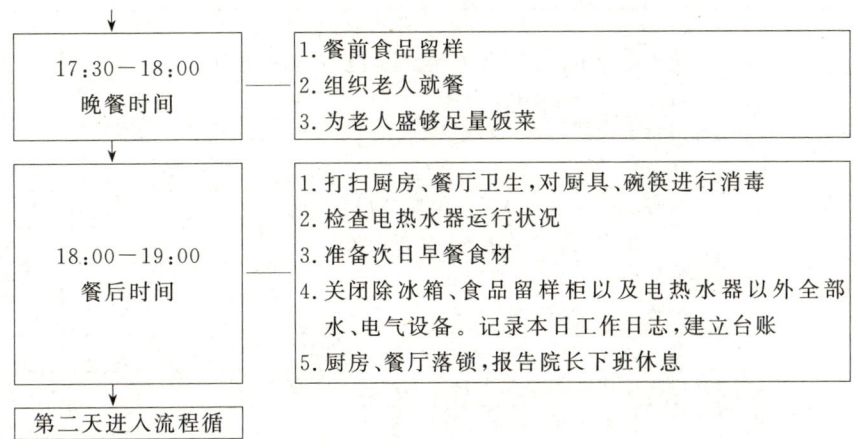

炊事员工作流程图

3. 安全员

(1)条件

①热爱祖国,热爱人民,遵纪守法,积极拥护贯彻党的各项路线、方针、政策,积极工作,有尊老爱幼的品德,有责任心,有奉献精神,吃苦耐劳,乐于助人,立志献身敬老事业;

②具有本县户籍的城乡居民,年龄在30~50周岁;

③有健康证,无传染性疾病;

④高中(中专)及以上文化程度;

⑤优先录用有从事保卫工作经验者。

(2)岗位职责

①负责全院安全生产工作;

②做好日常防火、防盗和安全防范及预警告示工作,配合做好突发事件的应急处置工作;

③坚持每日4次巡查,并作好巡查记录。遇有紧急情况,立即采取措施,并及时报告院长;

④工作期间不得擅自离岗、串岗,严禁饮酒、睡觉,严禁打扑克、打麻将等娱乐活动。

(3)工作流程

时间安排	工作内容	备注
7:00—8:00	1. 检查院内电路、消防、照明、应急通道、监控等设备。 2. 做好检查记录,建立台账。	
8:00—9:00	1. 检查室内剪刀、刀具等锐器,电热毯、热水器、私拉电线等安全隐患。 2. 检查室内是否存在易燃易爆等物品。 3. 查看室内是否存在抽烟、做饭现象。 4. 做好检查记录,建立台账。	
9:00—11:30	1. 检查室外健身器材情况。 2. 老人文体活动期间,做好安全叮嘱并随时注意老人身体状况。 3. 检查库房及新采购食材有无霉烂变质现象。 4. 做好检查记录,建立台账。	
14:30—17:30	1. 检查室外健身器材情况。 2. 老人文体活动期间,做好安全叮嘱并随时注意老人身体状况。 3. 做好检查记录,建立台账。	
17:30—19:30	1. 检查室内外电路。 2. 检查室内床铺、衣柜的安全隐患。 3. 检查应急照明设备。 4. 做好检查记录,建立台账。	
20:00	大门落锁。	
第二天进入流程循环		

安全员工作流程表

4. 卫生员

(1)条件

①热爱祖国,热爱人民,遵纪守法,积极拥护贯彻党的各项路线、方针、政策,积极工作,有尊老爱幼的品德,有责任心,有奉献精神,吃苦耐劳,乐于助人,立志献身敬老事业;

②具有本地户籍的城乡居民,年龄在30～50周岁;

③有健康证,无传染性疾病;

④高中(中专)及以上文化程度;

⑤有从事医疗工作经验者优先。

(2)岗位职责

①年初制定卫生工作计划,为全院特困人员服务;

②定期组织特困人员体检,对特困人员的健康状况作评价分析,建立健全特困人员健康档案;

③有目的、有计划地开展卫生知识宣传教育,帮助特困人员养成良好的卫生习惯;

④加强传染病防治管理,做到早发现、早报告、早隔离、早治疗,控制蔓延;

⑤保持室内整洁、整齐,任何人不得在室内吸烟;

⑥做好特困人员常见疾病和一般外伤的治疗救护和转诊工作;

⑦定期购置常用药品和必备器械,以便实施简便治疗;

⑧定期检查药品,注意失效期,医用器械消毒要及时,防止交叉感染;

⑨做好卫生档案内容的分类、统计、分析、报表等工作。

5. 值班员

(1) 条件

①爱岗敬业,吃苦耐劳,乐于助人;

②年龄在 30~50 周岁;

③有健康证,无传染性疾病;

④高中(中专)及以上文化程度;

⑤熟悉养老服务相关政策。

(2) 岗位职责

①负责全院值班工作。

②做好日常防火、防盗和安全防范及预警告示工作,配合做好突发事件的应急处置工作。

③坚持 24 小时值班,并做好值班日志。遇有紧急情况,立即采取措施,并及时报告院长。

④值班期间不得擅自离岗、串岗,严禁饮酒、睡觉,严禁打扑克、打麻将等娱乐活动。

6. 门卫

（1）条件

①遵守国家宪法和法律，热爱养老事业，有奉献精神，具有良好的品行；

②身体健康，有从事保卫工作经验者优先；

③具有高中（中专）及以上学历；

④要求男性，年龄在30～50周岁。

（2）岗位职责

①做好人员出入院登记工作；

②做好车辆、物品出入院登记工作；

③配合安全员做好安全保卫工作。

（3）工作内容

①每天6:00开大门，22:00关门。22:00之后进出本院的，须经院长同意，方可放行；

②对出入人员、车辆等，做好登记工作，做到文明礼貌，热情待人；

③实行交接班制度，工作期间不准饮酒，不准擅离职守，不准找人顶替，不准做与工作无关的事，不准私自放行车辆；

④对外来车辆一律要登记车辆牌号与单位，对向外运输公物及其他可疑现象要认真检查，并要认真做好登记；

⑤对无理取闹或违反门卫规定且不听劝告和制止的要及时向院长报告，必要时报警；

⑥对头脑不清醒或行动不便的院民，未经管理人员许可，不能放行；

⑦严禁精神病患者、可疑人员、无关人员、陌生人进入院内；

⑧不准在室内抽烟、生火，禁止私自拉扯电线。

(四) 特困人员

1. 认定条件

城乡老年人、重度残疾人和未满16周岁的未成年人,同时具备无劳动能力,无经济来源,无法定赡养、抚养、扶养义务人或者其法定义务人无履行义务能力条件的,确定为特困人员,依法纳入特困人员救助范围。

(1)无劳动能力。年满60周岁的老年人,持有《中华人民共和国残疾证》的一、二级智力、精神残疾人、一级肢体残疾人,未满16周岁或已满16周岁但仍在接受义务教育的青少年,视为无劳动能力。

(2)无经济来源。虽然有土地承包经营收入、集体经营分配收入或者其他收入,但生活水平仍低于当地最低生活保障标准,且财产符合当地低保家庭财产状况规定,视为无经济来源。

(3)无法定赡养、抚养、扶养义务人或者其法定义务人无履行义务能力。法定义务人具备特困人员条件,为60周岁以上或者重度残疾的最低生活保障对象,或者无民事行为能力、被宣告失踪或者在监狱服刑的人员,且财产符合当地特困人员财产状况规定的,视为无履行义务能力。

2. 分类及照料护理标准

按照差异化服务原则,依据特困人员生活自理能力和服务需求分档制定为完全丧失生活自理能力(全护理)、部分丧失生活自理能力(半护理)和具备生活自理能力(全自理)三个类别。特困人员生活自理能力评估,根据下列6项指标进行:自主吃饭,自主穿衣,自主上下床,自主如厕,室内自主行走,自主洗澡。6项指标全部达到的,可以视为具备生活自理能力;有3项以下(含3项)指标不能达到的,可以视为部分丧失生活自理能力;有4项以上(含4项)指标不能达到的,可以视为完全丧失生活自理能力。以河南省为例,全护理标准按照不低于当地最低工资标准的20%执行,半护理标准按照每月不低于当地最低工资标准的10%执行。

3. 供养模式

六种模式,即以敬老院为主,农村幸福院为辅,医养结合机构、社会办养老机构为补充,让失能特困人员入住失能老人养护中心,精神疾病(尤其是具有暴力倾向的)特困人员安置到精神病治疗康复服务机构,对特困人员实施集中供养。

4. 准入养老机构条件

(1)特困人员。
(2)本人自愿,并提出书面申请。
有下列情形之一的,不得入住养老机构:
(1)传染性疾病;
(2)患有精神类疾病;
(3)有暴力倾向;
(4)其他不适宜入住敬老院(幸福院)的情形。
有下列情形之一的,应当及时终止救助供养:
(1)死亡、被宣告失踪或者死亡;
(2)经过康复治疗恢复劳动能力或者年满16周岁且具有劳动能力;
(3)依法被判处刑罚,且在监狱服刑;
(4)收入和财产状况不再符合有关规定;
(5)法定义务人具有了履行义务能力或者新增具有履行义务能力的法定义务人。

5. 入住程序

(1)申请。本人向所在乡镇人民政府提出书面申请,并提供相关材料。

（2）受理。乡镇人民政府民政部门接到申请后，组织人员与申请对象座谈，对申请对象进行体检。对符合入住条件的，填写《特困人员集中供养登记表》。对不符合入住条件的，告知其理由。

（3）入住。根据申请人入住意向，由特困人员集中供养点与申请人签订协议后集中供养。

个人申请
由本人向户籍所在地的乡镇民政所提出书面申请，本人申请有困难的，可以委托亲属或村民委员会代为提出书面申请。申请时需携带身份证、户口本、特困人员供养证、农村信用社存折、一寸免冠照片和农村合作医疗卡

↓

乡镇民政所核查
通过公安系统查询申请人户籍情况并向其所在村委会了解其基本情况
注：有子女户以及户籍信息显示异常的特困人员不得入住养老机构
由民政所组织申请的特困人员到指定地点进行体检
注：患有传染性疾病和精神障碍的不得入住

↓

乡镇审批
通过核查确认后，由乡镇审批入住养老机构

↓

协议书
特困人员到养老机构向院长报到并签订集中供养协议书

↓

建立特困人员档案
特困人员与养老机构签订集中供养协议后，由养老机构接收特困人员全部手续后，建立档案并安置好特困人员的住所

特困人员准入养老机构流程图

6. 请销假制度

（1）供养人员外出，必须请假，未经批准不得离院。

（2）供养人员请假须先向责任护理员申请，由责任护理员登记、完善相关手续，经院长批准后，方可离院。

（3）经批准外出的供养人员，责任护理员须交代注意事项，如需使用证件,应发给有关证件,归院后,须交回有关证件。

(4)外出供养人员归院后,应及时销假,因特殊情况需要延假的,经批准后方可续假。未经批准超假或者逾假不归的,要根据情况,予以批评教育和相应处理。

(五)敬老院工作人员招聘方案

为进一步规范敬老院管理,满足日常照料、送医治疗、住院陪护、文化娱乐、消防安全、食品安全等方面安全运行管理需要,解决工作人员不足,服务水平不高的问题,结合工作实际,现对敬老院工作人员实行招聘。

1. 指导思想

以习近平新时代中国特色社会主义思想为指导,进一步加强特困人员供养机构管理,提高工作人员素质和服务水平,更好地为集中供养特困人员服务,体现党和政府对特困人员的关怀,为脱贫攻坚和构建和谐社会做出更大的贡献。坚持特困人员托底供养,应救尽救,应养尽养,属地管理,分级负责,严格规范,高效便民,城乡统筹,保障原则开展工作。特困人员供养机构负责人由乡镇党委政府任命,采用政府购买服务的方式选聘管理服务人员。

2. 招聘原则

对乡镇所有工作人员进行公开招聘,招聘工作坚持公开、公平、公正的原则,通过岗前培训,定岗定位,各负其责,经综合考核后择优录用。

3. 组织领导

为保证招聘工作的公开、公平、公正,敬老院消防安全员、保卫安全员、医务管理员由县民政局委托县人社局等相关部门招聘公益性岗位,其他工作人员的招聘由各乡镇组织实施。县民政局监督指导乡镇特困人员供养机构的工作人员公开招聘事宜。

4.具体要求

(1)招聘范围

公开招聘其他管理人员应立足于本乡镇户籍人员,参加招聘人员可以是现在院工作人员,大、中专毕业生,回乡退役军人,乡(镇)机关分流精减人员,企事业单位下岗职工等。

(2)招聘条件

①热爱祖国,热爱人民,遵纪守法,积极拥护贯彻党的各项路线、方针、政策,积极工作,有尊老爱幼的品德,善于管理,有责任心,有奉献精神,乐于助人,立志献身敬老事业。

②年龄条件:应聘人员要具有本县户籍,年龄在30～50周岁,对现任院长及其他管理人员参加竞聘,如身体健康、责任心较强、工作业绩突出者,年龄可适当放宽。

③学历条件:初中(含初中)以上文化程度。

④身体条件:身体必须健康,没有传染病、慢性病,五官端正。

⑤特殊工作岗位要求具有相关专业的知识和相关从业资格。

(3)招聘岗位

每个特困人员供养机构需配备以下人员:

①专职院长1名;

②管理人员2名;

③消防安全员1名;

④保卫安全员1名;

⑤医务管理员1名;

⑥饮食安全管理员(厨师、餐饮管理员)2名;

⑦服务人员的配置按与全自理1∶10,与半自理1∶4,与全护理1∶1.5配备。

5.工资待遇

(1)入住 50 人以上的,院长月工资不低于××元;入住 80 人以上的,院长月工资不低于××元;入住 200 人以上的,院长月工资不低于××元。

(2)炊事员、护理员工资原则上每人每月不低于××元。

6.招聘程序和管理

(1)对现有工作人员,结合平时表现,由乡镇择优录取,并上报县民政局备案。

(2)对新招聘的人员由所在乡镇组织笔试、面试、体检、综合考核等程序进行。

(3)对现有工作人员,择优录取后,与所在乡镇签订用工合同,合同采取一年一签。

(4)所招的工作人员采取一年一考核,实行末位淘汰,具体考核工作由所在乡镇负责。

(5)对不服从领导和工作不负责任的工作人员,一经发现,立即停发工资。对工作认真、表现突出、业绩优秀的乡镇敬老院院长、工作人员,通报表扬,大力宣传,并给予适当的物质奖励。

(6)结合日常工作实际,定期开展业务培训,岗位业务比武,到管理规范先进的集中供养机构参观学习。

7.经费保障

特困人员供养服务机构工作人员工资纳入县级财政预算。工作待遇不低于当地最低工资标准,并按照有关规定提供基本养老、基本医疗、工伤等社会保险待遇。对于因特殊原因不能参加社会保险待遇的工作人员,县级民政局通过货币补贴形式让工作人员自行参加社会保险。

8.有关要求

(1)聘用人员经所在乡镇人民政府初审同意后,与被聘用人员签订聘用合同。合同一年一签(自当年1月1日起至当年12月31日止)。

(2)聘用合同签订后,分别报县级民政局、人社局各备案1份。

四、养老机构安全生产责任

安全生产关系人民群众生命财产安全,关系改革发展和社会稳定大局,搞好安全生产,领导重视是关键。安全生产遵循"管行业必须管安全、管业务必须管安全、管生产经营必须管安全"原则,推行安全生产党政领导"一岗双责"制度是新时期安全生产工作的迫切需要,也是进一步加强安全生产工作的重要抓手,更是落实科学发展观,实现安全发展、科学发展的一项重大举措。"一岗双责"制度的实施有利于使安全管理纵向到底、横向到边,责任明确,形成"党委领导、政府监管、行业管理、企业负责、社会监督"的安全生产工作新格局,有利于建立"关口前移、重心下移"的安全生产管理新机制,是实现全员、全层次、全过程、全方位安全生产管理模式的需要。

"党政同责"是指党政领导班子成员、直属各单位党政班子成员共同承担安全生产工作责任,班子成员按照职责分工分别履行相应的安全生产工作职责;"一岗双责"是指领导干部既要对分管业务工作负责,也要对分管业务范围内的安全生产工作负责;主要负责人是指党政主要负责人及直属各单位的正职负责人,以及主持工作、代行正职职能的副职负责人;分管负责人是指根据"一岗双责"负责某一方面工作的副职负责人。

(一) 县级民政部门安全生产责任

1. 认真贯彻执行国家和上级部门有关安全生产的方针、政策和法律、法规,及时传达贯彻上级关于安全工作的重要指示和要求。

2. 根据国家和上级要求,研究养老机构安全生产中的重大问题,并结合实际组织制定养老机构安全生产中、长期规划和年度安全生产计划，明确安全生产目标，并组织实施。

3.经常深入基层，定期或不定期指导、检查、督促养老机构安全生产工作，季度安全检查，重点部位、重点季节有计划，并落实到位。对安全隐患及时提出整改要求，并督促整改到位。

4.督促养老机构开展多种形式的安全宣传教育，提高职工安全素质，增强安全意识。

5.一旦发现险情或事故，要靠前指挥，及时组织力量进行妥善处置，协助有关部门依法查处安全生产伤亡事故，并按规定程序及时上报，不得漏报、瞒报、迟报。

（二）乡镇安全生产责任

1.认真贯彻执行国家和上级部门有关安全生产的方针、政策和法律、法规，及时传达贯彻上级关于安全工作的重要指示和要求。

2.乡镇政府负责管理本行政区域内特困人员供养机构的建设、管理工作。乡镇长是特困人员供养第一责任人，负责本行政区域内的特困人员供养工作。民政所长是乡镇敬老院直接责任人，具体负责抓好敬老院管理服务工作。

3.定期或不定期指导、检查、督促养老机构安全生产工作，季度安全检查，重点部位、重点季节有计划，并落实到位。对安全隐患及时提出整改要求，并督促整改到位。

4.每月至少组织一次安全管理服务大检查，并做好记录。

5.督促养老机构开展多种形式的安全宣传教育，提高职工安全素质，增强安全意识。

6.一旦发现险情或事故，要在第一时间赶赴现场，及时组织力量进行妥善处置，配合有关部门调查安全生产事故情况，并按规定程序及时上报，不得漏报、瞒报、迟报。

(三) 养老机构安全生产责任

1. 坚持"安全第一、预防为主"的方针，严格遵守履行各项安全生产工作的法律、法规、条例，制定安全制度、安全预案，提高自防自救能力，保障消防安全，合法经营，证照齐全。

2. 落实养老机构主体责任制，所有生产生活安全、消防安全责任本着"谁受益，谁负责"的原则，由养老机构法定代表人或者负责人承担。

3. 高度重视安全工作，认真排查安全隐患，发现问题及时报告处理；保障疏散通道、安全出口畅通，并设置符合国家规定的消防疏散安全标志，落实专人实行每日防火巡查，建立巡查记录。

4. 采取积极措施，做好"五防"：防火、防盗、防触电、防中毒、防老人走失；切实做好设施安全、用电安全、用火安全、药品安全、饮食卫生安全、交通安全等。

5. 对职工进行安全教育和培训，定期组织安全检查、消防检查，建立安全隐患整改记录、安全教育培训记录，对重大事故隐患整改要及时采取整改措施或上报有关部门。服务作业人员必须持证上岗，杜绝火灾、中毒事故的发生。

6. 管好入院老人在院内的行为安全和住宿安全，杜绝打架斗殴，酗酒闹事；防止易燃、易爆、剧毒及危险物品进入养老机构；拒绝邪教和非法组织进入养老机构。

7. 积极参加财产人身保险、工伤保险，完善劳动用工合同，保障养老机构财产安全和职工合法权益。

(四) 养老机构安全事故责任及处理程序

1. 安全事故实行养老机构院长（主任）负责制。

2. 养老机构突发事件应急领导小组为养老机构安全事故应急处

理的主体。

3. 养老机构突发事件应急领导小组负责组织协调人员进行及时处理。调集所需物资及交通工具等，同时向当地党委政府和上级业务主管部门汇报，必要时请求上级给予支援。

4. 养老机构发生突发安全事故后，主要负责人必须在第一时间内向当地党委政府报告，并根据需要向公安、卫生、消防等相关部门报案请求援助。养老机构应本着"先控制、后处理、减少损失"的原则，果断处理，积极抢救，指挥现场在院老人及工作人员离开危险地区，迅速转移贵重物品，维护现场秩序，做好事故现场保护工作，并做好善后处理工作。

5. 养老机构突发事件应急领导小组接到突发安全事故报告后，应在第一时间向上级民政部门报告，并在最短时间内到达事故现场，组织抢救和善后处置工作。

6. 对养老机构工作人员缓报、瞒报、延误有效抢救时间等行为予以纪律处分，造成严重后果的要追究其刑事责任。

（五）养老机构安全防范措施

1. 严格遵守出入院程序。入院时，养老机构须与服务对象签订入院协议书；出院时，办理出院手续，入院协议书同时废止。服务对象不得随意外出。严禁任何组织和个人私自带服务对象出院，确需外出的要办理外出手续，交代好安全注意事项和返院时间，并确认好监护人，防止出现交通事故和走失等现象。

2. 建立完善管理制度。养老机构要建立健全《管理服务条约》《工作人员岗位责任制》《安全保卫制度》《会议学习制度》《请销假制度》《卫生保洁制度》《财务管理制度》《院民公约》等内部管理制度，制定《突发事件应急预案》等，细化责任，落实到人。

3. 强化安全教育。要把"安全第一"放在首位，定期开展安全教育和业务培训，增强安全意识，提高从业人员的责任意识、职业素质和服务能力。加强安全防范措施,做到防火、防水、防盗、防食物中毒、防各种事故隐患,不得在室内外堆放柴火、烟花爆竹、汽油等易燃、易爆物品;严禁私拉乱接电线,确保安全用电;严禁在室内吸烟和个人擅自用火用电取暖;不得食用霉变、过期食品;防止因结冰导致的跌倒、滑倒,确保本单位全年无重伤、无非正常死亡、无重大火灾和房屋倒塌等安全事故。

4. 建立每日巡查制度。认真做好巡查记录,巡查工作必须细致、耐心,重点关注服务对象的衣食起居和身体状况,确保饮食、饮水卫生无污染,室内室外的环境卫生保持干净整洁。加强用电管理,对损坏的线路及时修复,避免意外事故的发生。

5. 坚持24小时值班制度。建立值班考勤记录,上下班签到,认真做好交接班工作并完善手续,夜间值班人员必须在院内就寝。建立值班日志,做好值班记录,重大事情及时向值班领导汇报。值班人员和服务人员要坚守岗位,不得擅离职守。值班期间要做到安全隐患排查到位、夜间巡查到位、人数清点到位、设施检查到位、应急处理及时到位,确保防患于未然。

6. 实行安全事故报告制度。要全面落实安全管理措施,每月至少组织一次安全管理服务大检查,并做好记录。一旦发现险情或事故,领导干部要靠前指挥,及时组织力量进行妥善处置,按规定程序及时上报,不得漏报、瞒报、迟报。

7. 实行责任追究。因领导不重视,制度不健全,防范措施不力,失职、渎职导致安全管理责任事故的,造成安全责任事故的,依据法规政策规定,严格追究有关人员的责任。

(六) 近年来部分养老机构安全事故案例

近年来,全国各地敬老院、福利院、老年公寓、养老院等养老机构安全事故频发,事故原因包括火灾、老人失踪、房屋意外坍塌、中毒、心理畸形报复社会等,其中火灾事故发生较多。养老机构的选址、建筑材料、消防设备、安保措施、管理规范等安全问题已经引起各级政府和社会各界的广泛关注。根据公开报道,近5年来,养老机构至少发生50余起事故。尤其是2015年5月25日,河南省平顶山市鲁山县康乐园老年公寓发生的特别重大火灾事故,造成39人死亡、6人受伤,过火面积745.8平方米,直接经济损失2064.5万元。"5·25"特别重大火灾事故暴露出经营主体严重违法违规和有关基层监管部门严重失职渎职等问题,主要表现为康乐园老年公寓违规建设运营,管理不规范,安全隐患长期存在;在民政环节违规审批经营许可,行业监管不到位;在公安消防环节落实消防法规政策不到位,消防监管不力;在国土、规划、建设环节执法监督工作不力,履行职责不到位;有关地方政府忽视安全生产工作,安全生产属地责任落实不到位。检察机关分别以涉嫌玩忽职守罪、滥用职权罪和受贿罪依法对鲁山县副县长刘文强、县民政局局长刘大钢、县公安消防大队大队长梁凯、县公安局党委原委员高峰、县公安局董周派出所副所长李超等30名犯罪嫌疑人立案侦查,并采取了相关强制措施,且由平顶山市检察机关移送审查起诉。

近年来养老机构部分事故梳理:

●2013年4月24日,黑龙江省肇东市太平乡养老院,发生火灾,事故造成两位老人遇难,一名老人重伤。

●2013年5月21日,安徽省铜陵市东湖养老院发生一起火灾事故,造成两位老人不幸遇难。

●2013年7月26日,黑龙江省海伦联合敬老院发生一起人为纵火事件,导致11人死亡、2人受伤,遇难者多为行动不便者。

●2013年8月5日,江苏省宿迁市宿城区王官集镇敬老院食堂发生坍塌,致1人死亡。

●2014年11月16日,陕西省石泉县熨斗镇敬老院发生一起一氧化碳中毒事件,导致3人死亡。

●2014年11月18日凌晨,安徽省舒城县干汊河镇一敬老院发生一起火灾事故,造成两位行动不便的老人遇难。

●2014年12月6日,江西省南昌进贤县夕阳红老年公寓一老人在公寓失踪数日后身亡,公寓向死者家属赔付了16万元。

●2014年12月20日,河北省邯郸市复兴区一敬老院发生一起火灾事件,致1位老人死亡。该敬老院被责令关闭,其他老人被安置到附近养老院。

●2015年1月1日,河南省南阳市南召县白土岗镇一敬老院,因火灾事故,致两位老人死亡。

●2015年3月24日,陕西省子洲县养老院,发生一起火灾事故,致两位老人不幸身亡。

●2015年5月25日,河南省平顶山市鲁山县康乐园老年公寓发生特别重大火灾事故,造成39人死亡、6人受伤。

●2015年9月21日,江苏省常州养老院发生了一起中毒事件。厨师误将亚硝酸盐当白糖,老人们食用了厨师烹制的素鸡后出现身体不适,导致20位老人被送进医院。

●2016年6月3日,湖南省郴州市苏仙区五里牌镇敬老院发生一起自用热水灶意外事故,造成2人死亡,5人受伤。

●2017年1月4日,吉林省通化市辉南县民营安老院发生一起火灾事故,造成7人死亡。

●2017年1月5日,河南省南阳市社旗县饶良镇敬老院发生一起刑事案件,造成三死一伤的严重后果。

●2017年1月7日,陕西省高洛市柞水县曹坪镇区域敬老院中的两位五保户老人因一氧化碳中毒死亡。

●2018年11月29日早上5时52分,河南省驻马店市正阳县慎水乡台天村的夕阳红老年公寓发生室内火灾,造成4位老年人窒息死亡。

●2019年2月27日,重庆市忠县三汇特困人员供养设施(敬老院),发生一起严重伤害事故,造成1人死亡。

五、养老机构经费管理

养老机构主要分为公办养老机构和社会办养老机构。新设立或改扩建的公办养老机构(含社会福利机构)补助资金主要通过新改扩建项目,由上级业务主管部门或地方政府予以支持、补助。对由社会力量举办并经民政部门备案或许可的,符合补助条件的养老机构,给予相应补助,主要包括建设补助、运营补贴、医养结合补助、等级评定补助等。根据经济社会发展水平和地域差别,养老机构补助的范围、标准和资金有较大差别。

(一)特困人员供养服务机构

特困人员供养服务机构是指由各级人民政府举办,为特困人员提供供养服务的公益性机构,包括农村敬老院、社会福利院及儿童福利中心等。

1. 特困人员供养服务机构经费收支情况

(1)特困人员供养服务机构经费的主要收入来源:

①财政补助收入,即上级财政、民政部门或本级财政拨入的特困人员救助供养资金、管理经费和门诊医疗费、工作人员工资等;

②上级补助收入,即上级主管部门补助的各项资金;

③专项收入,如基建、购置设备、房屋修缮等款项;

④自营收入,即院民种植、养殖取得的收入;

⑤其他收入,即上述规定范围以外的各项收入,包括利息收入、捐赠收入(实物折价入账)等。

(2)特困人员供养服务机构经费支出包括:特困人员供养经费、

管理经费及专项经费。特困人员供养经费只能用于五保人员的各项生活费用,不得挤占和挪用。

①特困员供养经费支出主要内容:伙食费、衣被购置费、洗浴理发费、小额药费、按当地规定标准发放的零花钱等;

②管理经费支出主要内容:管理人员工资、办公费、水电费、维修费、报刊征订费等;

③专项经费支出主要内容:按专项资金规定的用途,社会各界和个人捐赠的指定用途支出。

2. 特困人员救助供养经费

特困人员救助供养标准包括基本生活标准和照料护理标准。2019年,河南省特困人员基本生活标准为:城市特困人员供养救助标准每人每月不低于520元,农村特困供养救助标准每人每年不低于3860元。照料护理标准依据特困人员生活自理能力和服务需求分档制定,参照当地日常生活照料费用、养老机构护理费用或者当地最低工资标准的一定比例确定。

3. 管理服务人员工资

以河南省淮阳县为例,特困人员供养服务机构入住20人以上的,院长月工资不低于2 000元;入住10人以上的,院长月工资不低于1 800元;炊事员、护理员工资原则上每人每月不低于1 400元。

(二) 社会办养老机构

1. 建设补贴

如浙江省杭州市,对于养老机构建设的集中护养型床位,根据机构登记性质给予一次性建设补助。非营利性养老机构补助标准如下:以自有产权(房屋产权应在机构名下)用房开办,在主城区范围内的给予每张床位12 000元的一次性建设补助,其他地区的给予每张床位6 000元的一次性建设补助;通过租赁房产(原房产未作为养老机构使用且租赁期限不少于5年)开办,在主城区范围内的给予每张床位8 000元的一次性建设补助,在其他地区的给予每张床位5 000元的一次性建设补助。此外,对于机构内认定为护理型床位的,根据自有产权和租赁房产性质,主城区的给予每张床位分别额外一次性补助4 000元和2 000元,其他地区的给予每张床位分别额外一次性补助2 000元和1 000元。营利性养老机构按照非营利性养老机构补助标准的80%给予补助。

如河南省郑州市,养老服务中心建设补贴:县(市、区)人民政府及街道(乡镇)采取自建方式设立的养老服务中心,市财政按每张床位6万元给予补贴;通过购买、置换等形式,利用其他现有设施改造为养老服务中心的,市财政按每张床位3万元给予补贴。社会力量采取自建方式或通过购买形式新建运营的养老服务中心,市财政每张床位补贴9 000元,十年内不得转向经营。由社会力量改建装修运营的公办民营类养老服务中心,或社会力量通过租赁形式运营的养老服务中心,每张床位补贴6 000元。日间照料中心(托老站)、居家养老服务站建设补贴:根据面积及规模大小给予建设补贴,面积200 m^2及以上补贴10万元,面积每增加100 m^2增加补贴5万元,最高不超过100万元。配置设备项目补贴:配置一般大额设备(无障碍电梯、空气能热水器等)可申请配置设备补贴,规划配置电梯的单项补贴上限不超过20万元,其他单项补贴上限不超过10万元。养老服务中心建设补贴项目(含新建或改扩建)可叠加享受配置设备补贴。农村日间照料中心(托老站)、居家养老服务站建设补贴减半执行。

如河南省周口市,新建的社会办养老服务机构,经民政部门检查验收达标后,按照核定的床位数县财政给予建设补贴:自建用房的每张床位补贴1 500元(分3年,每年每张床位500元);改建房屋新增床位按每张床位1 000元标准补贴(分3年,前两年每年每张床位补贴300元,第三年补贴400元);租赁房屋新增床位按每张床位1 000

元标准补贴(分5年,每张床位每年补贴200元),接受补贴的社会办养老服务机构5年内改变用途的,由民政部门收回已发放的建设补贴及利息。

2. 运营补贴

以浙江省杭州市为例,对主城区持续运营的社会办养老机构接收主城区户籍老年人入住的,补助标准为:接收80周岁(含)以上自理老人的,给予每人每月200元补助,接收失能、失智老人的,给予每人每月600元补助。

如河南省郑州市,日间照料中心(托老站)或居家养老服务站根据面积及规模大小给予运营补贴。面积200 m^2 及以上300 m^2 以下的每年补贴1万元,面积每增加100 m^2 增加补贴5 000元,最高不超过10万元。

如河南省周口市,由民政部门制定达标细则,对社会办养老服务机构的服务设施、服务内容、服务质量、服务对象满意度等进行达标评定。经评定达标的,根据入住的拥有本辖区户籍的老年人数量(至少入住3个月),按每人每月50元的标准给予床位运营补贴。

六、养老机构应急管理工作预案

根据《社会救助暂行办法》(国务院令第 649 号)、《农村五保供养工作条例》(国务院令第 456 号)、《国务院关于进一步健全特困人员救助供养制度的意见》(国发〔2016〕14 号)、《民政部关于印发特困人员认定办法的通知》(民发〔2016〕178 号)和有关文件精神,各级民政部门和养老机构应牢固树立"民政为民、民政爱民"服务理念和"安全无小事,责任重泰山"思想,始终坚持"老人生命安全高于一切"和"先控制、后处理、减少损失"的原则,预防为主,积极处置,做到及时发现、及时报告、及时处理,完善风险防范制度及重大安全事故信息监测报告网络,尽力杜绝或减少养老机构安全隐患、消防、治安等突发事件的发生,切实提高工作人员和院民的安全自我防护能力,确保工作人员和院民健康、快乐地生活。

(一) 火灾安全事故应急预案

1. 养老机构要定期检查消防设施、火险隐患情况,加强工作人员和院民的教育培训工作,做到防患于未然,警钟长鸣。

2. 工作人员和院民发现火警苗头时,应立即呼救,同时向院长(主任)报告,院长(主任)和工作人员应组织指挥现场救灾,并及时报告养老机构突发事件应急领导小组。

3. 若发现重大火警时,应立即呼救,并立即拨打或托人拨打 119 报警电话。

4. 迅速疏散在院老人及工作人员,撤离到安全区域。

5. 积极配合消防人员灭火,在进行灭火的同时,应采取有效的隔离措施。

6.养老机构突发事件应急领导小组接到突发安全事故报告后,应在第一时间向上级民政部门报告,并在最短时间内到达事故现场,组织抢救和善后处置工作。

(二)食物中毒安全事故应急预案

1.应加强食品从业人员的学习培训,必须做到从业人员持证上岗。

2.严格把关食品原料的进货渠道,做到卫生、安全、可靠。从业人员必须定期进行自查整改。

3.发现在院老人及工作人员有类似食物中毒症状时,应迅速将其送医院诊治,并及时向养老机构突发事件应急领导小组报告。

4.有关人员须做好所食用食物取样工作,以备卫生防疫部门检验。

5.养老机构突发事件应急领导小组接到突发安全事故报告后,应在第一时间向上级民政部门报告,并在最短时间内到达事故现场,组织抢救和善后处置工作。

(三)外来暴力侵害安全事故应急预案

1.养老机构如有未经允许强行闯入者,应及时联系公安人员将闯入者驱逐出住所。

2.发现不良分子袭击、行凶等暴力侵害时,院长应及时报告养老机构突发事件应急领导小组,并拨打110报警和120请求援助。

3.对受伤者应及时送往医院救治。

4.养老机构安全事故应急领导小组接到突发安全事故报告后,在第一时间向上级民政部门报告,并在最短时间内到达事故现场,组织抢救和善后处置工作。

(四) 触电事故应急预案

如发生触电事故,应立即采取如下措施:

1. 立即切断电源。

2. 救出触电者,并立即实施抢救,同时拨打120。

3. 工作人员和院民应迅速向院长(主任)报告,院长(主任)应及时向上级民政部门报告。

4. 如引起火灾,先切断电源再进行灭火。

(五) 其他伤害事故应急预案

1. 如养老机构工作人员或院民身体受到意外伤害时,应及时送伤害者到医院诊治。

2. 工作人员和院民应迅速向院长(主任)报告,院长(主任)应及时向上级民政部门报告。

3. 院长和工作人员应迅速调查事故发生的原因,并做好有关信息记录。

4. 通知受伤害者的亲属。

5. 妥善处理事故。

(六) 主要管理程序

1. 值班工作人员在晚上休息前必须核查人数,若出现人数不符情况,可联系亲属说明情况,同时报告院长。院长向当地党委政府领导报告。

2. 工作人员要做好安全工作的巡查,发现问题须及时向院长汇报,同时积极采取各种应急处理办法,不得擅离职守,院长向当地党委政府领导报告。

3.落实门卫管理,制定出入登记,外出请销假制度,对外出的入住人员要佩戴印有姓名、电话的胸卡,入住人员外出必须有监护人或护理人员陪伴。

七、养老机构餐饮服务管理

(一) 食堂管理制度

1. 为院民提供可口饭菜,保证院民一日三餐的供应。工作人员、来客到食堂用膳,原则上应交伙食费。

2. 管理人员对各种食物要严格办理入库手续,妥善保管,定期清理,按月公布账目,接受检查和监督。

3. 炊事员要注意个人卫生,定期进行健康体检,工作时间穿工作衣,不留长指甲,勤洗头、洗手。非炊事人员严禁随意进出操作间。

4. 保持食堂内外环境清洁卫生,餐、炊具水洗,洗后及时消毒。每周对食堂消毒一次,每天擦洗座椅、地板,做好灭蝇、灭鼠、灭臭虫等工作。

5. 伙食安排做到月有计划,周有安排,天天有菜谱,讲究干湿相济,粗细调理,荤素搭配,按时就餐。

6. 认真贯彻《食品卫生法》,不采购发放变质、霉烂食物,防止食物中毒。生食和熟食,食品和原料要分开存放,制作过程科学卫生,严防污染和食物中毒。

7. 节约原料,降低成本,做到粗粮细做,细粮精做,不断提高烹饪技能。

8. 实行民主管理,采纳服务对象和职工意见,不断改善服务态度,提高饭菜质量。

9. 严格执行各种设备的操作规程,熟练掌握各项业务技能,特别要注意燃气的使用安全,防止意外事故发生。

10. 建立食堂固定资产登记卡,爱护各种设备、物品等,防止人为破坏和丢失。

（二）食堂从业人员食品安全知识培训制度

1. 食堂的食品安全管理人员应经常参加食品安全知识及有关卫生法律、法规学习，掌握与食品安全有关的法律、法规和卫生常识，并能对本单位的食品从业人员进行安全知识教育和培训。

2. 食品安全管理人员要定期组织本单位的从业人员进行食品安全知识培训，做到人人掌握应知应会的食品安全知识，按要求操作，养成良好的个人卫生习惯。

3. 每年组织一次从业人员卫生知识培训，每年培训不少于20学时，并进行食品安全知识考试，食品安全知识考试不合格者要重新培训。

（三）食堂食品留样制度

1. 食品留样工作应纳入食堂日常监管与督查的重点内容，需有专人负责。

2. 建立食品留样登记和清理制度，应对每餐的所有菜肴，包括粥、馒头、米饭、面条等进行留样并记录。留样达到规定时间后，必须立即清理，不得回收再食用，并记录在案。

3. 配备专用的食品留样冰箱，及时将留样食品放入冰箱内，温度在0～6摄氏度。

4. 每种食品留样不能低于100克，时间不少于48小时。

5. 留样标签要标明以下内容：留样日期、餐次、留样人、食物名称等。标注的内容与留样登记簿一致。

（四）食堂食品添加剂使用管理制度

1.烹饪食品时不得使用亚硝酸盐,食堂不得贮存亚硝酸盐。

2.采购食品添加剂要到正规的食品添加剂商店购买,并索取产品检验合格证、化验单和使用说明书,产品标签没有卫生许可证编号,没有厂名、厂址、使用范围、使用量等说明内容的添加剂不能购买;

3.加工烹调食品必须使用添加剂时,要在使用前看清产品标签和说明书,标签模糊不清的或来源不明的添加剂不得使用。

4.调料罐必须有明显标记,标明罐内调料的品名;购入调料或向调料罐内重新添加调料时,必须向下一班操作人员告知,操作人员在不明调料的来源时,不得使用。

（五）食堂库房管理制度

1.食堂库房必须专人负责,为保证食品安全,库房限时上锁,除管理员外,任何人都不得擅自入库。

2.库房内设置食品架,原料分类摆设,食品原料等应离地20 cm,离墙20 cm,离棚65 cm放置。

3.严格执行出入库制度,做好出入库记录。

4.严禁"三无"食品及腐烂变质的食品、原料等入库存放。

5.保持库房卫生清洁,物品规整,保证通风良好。

6.设置防蝇、防鼠等设施,安全有效。

7.库房管理人员必须穿戴工作衣、帽,佩戴有效的健康证上岗工作。

8.库房管理工作未按上述规定操作而造成纰漏的,将追究库房管理员的责任。

(六)食堂烹调加工管理制度

1. 进入烹调间的人员必须携带健康证。
2. 进入烹调间的人员必须穿戴工作衣、帽。
3. 所有待使用的容器、用具必须洗净、消毒。
4. 食品加工前应检查是否有感官异常。
5. 进入烹调间的食品必须洗净,盛装食品的容器必须放在指定的台案上,不得放置在地面。
6. 炸制食品的食用油不得反复使用两次以上。
7. 各岗位人员工作时必须随时清扫地面、案台。
8. 废弃物应置于污物桶内并将污物桶加盖。
9. 无防蝇窗纱的窗户不得打开。
10. 个人物品不得带入烹调间。
11. 负责人定期检查各岗位人员操作情况。

(七)食堂粗加工管理制度

1. 食堂管理员根据每日食谱要求,通知库管员准备每餐所用食品原料。
2. 肉、禽类食品用专用清洗池清洗,用专用菜板、刀具进行切割,装入专用容器备用。
3. 蔬菜类根据不同品种进行粗加工。

叶菜类:摘除不可食部分,用洗菜池清洗干净后,用专用案板、刀具根据食谱要求切割装入专用容器备用。

根茎类:在洗菜池中清洗干净外皮,需打皮处理的,打皮后再次清洗,然后用专用菜板、专用刀根据食谱要求切割装入专用容器备用。

4. 粗加工人员必须穿戴整齐工作衣、帽,佩戴有效的健康证上岗工作。

5.负责人随时监督检查各岗位工作人员操作情况。

（八）食堂原料采购索证制度

1.食堂原料采购必须有专人负责，并掌握食品安全知识和采购常识。

2.定点采购食品及食品原料，采购定型包装食品时要索取食品的卫生许可证、食品检验合格证或化验单等；采购肉、禽类食品要索取检疫证明；采购非定型包装食品时要检查食品的色、香、味、形等感官性状。

3.建立索证档案，索取的证明要分类并按时间顺序存档管理。

4.每次采购食物均要向货主索要收据，并保存收据至老人进食后无异常。

5.食品原料采购负责人应穿戴整洁的工作衣、帽，并佩戴有效的健康证。

（九）食堂面食制作管理制度

1.面食制作人员必须整齐穿戴工作服、帽子、口罩，不留长发、长指甲。操作前先用肥皂刷洗双手，并反复用清水冲洗。

2.面食制作工具如工作台、工具架、电烤箱、烤盘、搅蛋机、面粉机、馒头机、保鲜柜、蒸笼以及制作面食的案板等应经常打扫清洁干净。使用前要再次进行清理、检查，以免异物混入面中，并做好防蝇、防鼠、防尘、保洁等工作。

3.每次和面时要检查面粉的感官质量，有问题的面粉一律不得使用，并及时和厂家联系处理。注意避免异物不要混进面粉内。面食中不得有异物、异样或感观异常出现。凡出现异物的不得出售与供应，出现异样或感观异常的整笼、整批不得出售与供应。

4.打蛋不能一只手,要求把蛋打破后用双手掰开蛋壳,以避免蛋清蛋黄受蛋壳表面细菌污染。面点用的鲜菜、水果要清洗消毒后方可加工制作。糕点的色香味及品种应适应老人的心理要求。

5.食品供应台应保持清洁卫生,地面无食渣、垃圾、油垢,供应台上的食品要有防蝇、防尘装置。每餐销售完后要将蒸板、蒸箱及食品夹等设备、工具清洗干净,并用高温消毒,以备下次使用。

(十) 食堂餐具、用具清洗消毒制度

1.餐具必须按照一刮、二洗、三冲、四消毒、五保洁的操作流程清洗餐具、用具。

2.确认餐具已洗净后,将餐具置于餐具消毒设施中消毒。

3.将消毒后的餐具置于餐具保洁柜中待用。

4.厨房内待用及供客人使用的餐具必须使用餐具保洁柜中已消毒的餐具,否则不得使用。

5.厨房内使用的食品容器、用具必须在指定的容器洗刷槽内洗刷,洗刷后置于指定的消毒器内进行消毒(或用75%的酒精擦拭消毒)。

6.不得使用未经清洗消毒的容器用具。

(十一) 食堂餐厅卫生管理制度

1.建立健全餐厅卫生清扫制度,坚持四定(定人、定物、定时间、定质量)划清分工包干负责制度,并定期检查。

2.餐厅设防蝇、防鼠、防尘设施,消灭"四害"。

3.餐厅地面保持清洁(无水、无油迹、无尘土、无垃圾)。

4.餐厅服务人员要保持仪表整洁,勤洗头、洗澡,勤剪指甲,餐厅内不得吸烟。

5.餐厅服务人员必须穿工作服,戴工作帽,并用流水洗手后上

岗。

6.餐厅服务人员出外办事、如厕前必须脱下工作服、帽等,回来后用流水洗手。

7.餐厅服务人员上岗时必须佩戴有效的健康证。

(十二) 食堂卫生检查制度

1.食堂员工不得在工作场所吸烟、饮酒、吃零食。严禁随地吐痰以及其他有碍食品卫生、不文雅的行为。

2.保持个人卫生。做到勤洗手、剪指甲,勤洗澡、理发,勤洗衣服、被褥,勤换工作衣、帽。工作期间穿戴干净的工作衣、帽,衣冠整洁。不准佩戴耳饰、首饰。炒菜、运送饭菜、售饭菜必须戴口罩和手套。

3.工作前、工作中、工作后,始终保持用具、工作台、工作帕清洁无油污,摆放整齐。地面、地沟、沉淀池冲洗干净,确保无蚊蝇、无蟑螂、无鼠害、无异味。

4.所有工具、用具必须生熟分开,不用时要加盖防蝇防尘设施。

5.每天定时清洁操作间、储藏间和餐厅。保持门、窗、地面、瓷砖干净。清洗池干净无油污。墙角、电扇无蜘蛛网。

6.食堂卫生检查和管理工作由食堂负责人全面负责,责任到人。

7.每餐结束,要将食堂内外打扫干净。操作间、餐厅要用消毒液或紫外线定时消毒。

8.每周末进行一次彻底的清洁大扫除,尤其要注意擦拭抽油烟机、冰柜,杜绝出现卫生死角。

9.每天由食堂负责人检查卫生执行情况,每周组织专人对食堂卫生保持情况进行检查,并将检查结果和整改意见记录存档。

(十三) 食堂配餐卫生管理制度

1.配餐间的工作人员必须穿戴工作衣、帽,携带健康证上岗。

2.每天配餐前、后必须将紫外线灯开启30分钟,对配餐间进行空气消毒。

3.配餐间内的一切食品容器、用具、餐具必须洗净、消毒。

4.操作台使用前必须用75%的食用酒精擦拭消毒。

5.杂物及非直接入口食品不得进入配餐间。

6.出售食品的从业人员,双手不得接触钱币、餐票等污物,操作人员必须经常洗手。

7.操作完毕后关闭门窗。

(十四) 食堂防投毒措施

1.严把采购、储存、加工、供应等各环节的安全关。

2.原料库专人专管,其他人未经允许不得擅自入内,库房随时上锁。

3.厨房内除本单位工作人员外,任何人不能随意进入,工作人员离开时要锁门。

4.定期对职工进行食品安全知识培训,增强员工防投毒意识。

5.各环节由专人负责,食堂卫生管理领导小组定期对防投毒措施落实情况进行检查,发现隐患要及时消除,出现安全事故要追究具体管理人员及主管人员责任。

(十五) 食堂从业人员健康检查制度

1.从事食品生产经营人员上岗前必须到市疾病预防控制部门进行健康检查,合格并取得健康证者方可上岗,工作时要佩戴或随身携带健康证。

2.从业人员每年定期体检,合格者领取当年的健康证,健康证超过一年者,视为无证。

3.责任人每年组织本单位从业人员进行健康检查,并掌握结果,发现"五病"人员及时调离岗位。

4.定期检查从业人员持证情况,发现无证上岗人员,除追究无证上岗人员责任外,还要追究责任人责任。

(十六)食堂餐厨废弃物处置管理制度

为加强食堂餐厨废弃物的管理,规范餐厨废弃物处置,杜绝食品安全隐患,保障广大院民的食品安全,特别制定食堂餐厨废弃物处置管理制度。

1.食堂管理人员要自觉遵守《食品安全法》及有关法律法规,认真履行食品安全直接责任人职责,严格执行餐厨废弃物处置管理规定。

2.食堂必须按要求将餐厨废弃物进行无害化处理。严禁将餐厨废弃物直接排入下水道、倒入公共厕所和其他生活垃圾收集设施。

3.餐厨废弃物实行分类管理,分别处理。食品原料粗加工产生的垃圾(菜叶、根须、动物内脏、毛皮等垃圾物)按生活垃圾处理,即倒入垃圾桶加上盖子,运往垃圾站,由环卫工人转运处置;泔水类垃圾(食物残渣、饭、菜、汤水、锅底、留样处理物等)按规定倒入专用泔水桶,回收给养殖户。

4.泔水类垃圾按要求要与回收方签订回收协议书,注明泔水类垃圾回收仅限于养殖用,不得另作他用。

5.餐厨废弃物处置安排专人负责,建立完整处置台账,详细记录餐厨废弃物的种类、数量、去向、用途等情况,定期报告总务处,并接受监督检查。

6.食品安全管理领导小组加强对食堂餐厨废弃物处置工作的检

查监督,对不按规定处理餐厨垃圾的食堂,责令立即改正,并给予相关人员一定的处罚。

(十七) 食堂安全防护制度

1.食堂由专人负责管理,储藏间及其他加工、销售场所,闲人不得入内,重点部位24小时人员值守。

2.食堂工作结束后,及时清扫食堂卫生,关好门窗,并按规定上锁。

3.操作间、售饭区、餐厅、储存间等重点部位必须安装视频监控,要有专人值守,监控保留三个月以上。

4.餐厅的操作间、储藏室都要安装防盗窗、防投毒网(钢窗)、纱窗网,且保证通风。

5.凡出入门口均设置防鼠板,室内放有防鼠设施。

6.各区域、各种设备粘贴责任标识,注明责任人。

7.严禁食堂以外的人员随意进入操作间及储存间,以防止投毒事件的发生,确保用餐的卫生与安全。

(十八) 老年人每周营养食谱

人们从60岁开始步入老年阶段,这一阶段有其独特的生理代谢特点,如基础代谢率下降,细胞的功能下降,同时器官的功能也有所改变。体内的细胞数量减少,矿物质慢慢流失,体内的水分也有所减少,各个系统的功能也有所降低。在引起衰老的多种机制中,与饮食营养因素相关的是自由基学说。人体组织氧化反应可以产生自由基,其特点是活性高、不稳定,可以和体内的大分子作用,生成过氧化物而对细胞产生损害,影响细胞功能。自由基对细胞的损害主要是对细胞膜的损害,使膜的通透性增加,导致细胞丧失功能,过氧化物的分解产物可以使蛋白质变形从而丧失原有功能,被溶醇体吞噬后,形成褐色色素沉着,即脂褐素,也就是俗称的老年斑。维生素C可以在细胞外防止细胞受到自由基的损害,维生素E可以阻止过氧化物的产生,硒可以使过氧化物还原成无毒性的羟基化合物。老年人的食物营养原则上要粗细搭配,少食多餐,易于消化,同时积极参加适度体力活动,保持能量平衡。下面就给大家介绍一周的老年人健康食谱。

1. 每周食谱一

星期	餐次		
	早餐	午餐	晚餐
一	馒头 茶鸡蛋 炒豆芽 八宝粥	猪肉豆角蒸面条 冬瓜榨菜汤	馒头 小米稀饭 白菜炒豆腐
二	花卷 茶鸡蛋 熘笋瓜片 胡辣汤	米饭 菜花炒肉片 紫菜蛋花汤	甜面片儿 小葱拌豆腐
三	包子 卤豆干 炒青菜 面汤	捞面条 西红柿鸡蛋臊子	馒头 八宝粥 炒胡萝卜丝
四	摊鸡蛋饼 炒土豆丝 红薯稀饭	菜肉水饺	花卷 玉米糁 腐竹炒白菜
五	豆沙包 茶鸡蛋 炒黄瓜 小米汤	汤面条 萝卜香菇炒鸡块	馒头 八宝粥 豆干炒芹菜
六	花卷 南瓜粥 西红柿炒鸡蛋	米饭 红烧鱼块 木耳炒蘑菇 青菜肉丝汤	馒头 小米稀饭 粉条炒豆芽
日	馒头 茶鸡蛋 炒茄子 玉米糁	捞面条 青椒肉丝臊子	花卷 大米稀饭 虾米炒冬瓜

(2)小米稀饭中可以适当加入绿豆。

(3)全日用盐人均5克,油人均25克。

(4)避免食用腌渍、熏烤、油炸食品。

八、养老机构基础设施建设

养老机构应选择环境安全幽静、交通便利、靠近公共服务设施的地方修建,做到合理布局、环境宜人、设施配套、功能完善,体现地域风格和民族特色,兼顾安全、颐养、适宜居住等特点。

养老机构须独院设置,无论是新建、改建、扩建或租赁,无论是公房还是民房,均须由建设、质检部门验收合格。凡不具备安全生产或消防验收合格的,一律不得开业。原则上,每所养老机构占地面积不得少于15亩,设置床位不得少于50张,均须设置有门卫室、厨房、厕所、护理员值班室、卫生室、康复室、阅览室、文体活动室、洗浴室、晾晒场、种植(养殖)场地,安装自动喷淋、烟感报警、紧急呼叫、智慧用电系统,配备消防战斗服、消防头盔、消防专用靴、消防水带、防毒面具、灭火器、强光手电、消防斧、专用消防储物柜等设施设备。

(一) 门卫室

1. 一般情况下,门卫室应设置在大门一侧,建筑面积不得少于 20 m^2。

2. 门卫不得少于2名。

3. 门卫制度上墙,办公桌椅、档案柜等设备齐全,出入院登记簿等资料完备。

4. 配备有防刺服、防爆头盔、盾牌、灭火器、强光手电、橡胶防暴棍、联网报警器及监控相关设备。

(二) 厨房及餐厅

1. 供养人员少于 50 人的，建筑面积不得少于 50 m²，炊事员不得少于 3 人；供养人员在 100 人以上的，建筑面积不得少于 100 m²，炊事员不得少于 6 人。

2. 配备冰箱、消毒柜、恒温热水器、餐桌、椅凳等设施。

3. 地面、桌面、坐凳、电器设备、窗、墙壁等保持整齐、清洁，桌面做到随收随擦。

4. 防蝇、防尘设备齐全，厨房内无乱贴乱挂现象。

5. 保持餐具清洁卫生，餐具消毒清洁。餐具做到：一洗、二刷、三冲、四消毒、五保洁。

6. 各种炊具、用具摆放整齐，操作台干净卫生，生熟食品分开，并有明显标记。

7. 灶台清洁，调料品放置有序并加盖。

8. 所有机械用完后及时进行擦抹，并保持清洁。

9. 冰箱、冰柜、保洁柜由专人管理，并经常检查和定期除霜（每周一次），生熟食品分开存放，柜内无异味。

10. 食材及原料存储仓库要有防鼠、防蝇、防火、防盗等措施，无腐烂变质和生虫、有毒有害的食品和原料，做到地面无垃圾，货架无积灰，物品摆放整齐有序。

(三) 洗浴间

1. 24 小时冷热水供应。
2. 配有防滑垫、洗衣机。

（四）厕所

1. 男女分设。
2. 水冲式厕所。

（五）住房

1. 原则上，每间房屋不能低于 15 m²，人均面积不得低于 6 m²，入住人员不得超过 2 人。
2. 房间内配备有桌、椅、床、床头柜、衣架、衣柜、脸盆等，有条件的可安装空调、有线电视等。
3. 房间内配备烟感报警、淋喷消防等设施，并有必要的消防设备，确保消防安全。

（六）图书室

1. 图书室由专人管理负责。
2. 各种图书仅供院民和干部职工阅览，一律不得外借。
3. 每周二、周五为院民图书阅览时间。由专人管理负责，院民必须自觉维护阅览秩序，借阅者必须办理登记手续，每人每次限借图书 1~2 本，须按时归还，借阅期限为 15 天。
4. 借阅图书者应爱护图书，不得撕页、折页、剪裁、折卷图书，不得在图书上画线、批注或涂写，并谢绝再次借阅。
5. 自觉保持室内清洁，严禁在室内吸烟、喧哗。

（七）医疗室

1. 房屋

(1)整体设计应满足无障碍设计要求。

(2)建筑面积不少于40 m²。

(3)至少设有诊室、治疗室、处置室。

(4)每室独立且符合卫生学布局及流程。其中,治疗室、处置室的使用面积均不少于10 m²;如设观察室,其使用面积不少于15 m²。

(5)应当设医疗废物存放点,与治疗区域隔开。

2. 设备

(1)基本设备。包括诊桌、诊椅、诊床、诊察凳、方盘、纱布罐、听诊器、血压计、体温表、注射器、身高体重计、视力卡、视力灯箱、压舌板、药品柜、紫外线消毒灯、高压灭菌设备、处置台、器械柜、便携式心电图机、血糖测定仪、雾化吸入器、出诊箱、轮椅、输液椅、候诊椅、医用冰箱、污物桶等。

(2)急救设备。原则上应包括心电监护仪、供氧设备、吸痰器、开口器、牙垫、口腔通气道、简易呼吸器。

(3)健康教育及其他设备。

(4)有与工作需要相应的其他设备。

3. 相关制度

具有与功能任务相适应的转诊制度、药品登记分发制度、健康教育制度等相关规章制度,以及急救流程、技术操作规范,制定人员岗位职责。

(八) 康复室

1. 房屋整体设计应满足无障碍设计要求,建筑面积不少于 40 m^2。

2. 配备与康复需求相适应的运动治疗、物理治疗和作业治疗等设备。

3. 遵守开放时间,服从工作人员安排管理。

4. 爱护室内设施,损坏器械和设备要照价赔偿。

5. 进入室内做到鞋衣洁净,禁止在室内吸烟、随地吐痰、乱扔垃圾。

6. 个人物品要妥善保管,以免发生丢失,丢失物品后果自负。

7. 正确合理使用各种器械,对不了解的器械要向工作人员咨询。

8. 训练时量力而行,注意自身及他人安全,必要时可在他人保护下进行。

九、养老机构卫生清洁标准

（一）室外公共区域

1. 卫生清洁范围

桌椅、走廊、地面、洗漱间、卫生间、玻璃大门、玻璃幕墙、瓷砖墙面、窗户、木门、防火门、楼梯和扶手、消火栓、开水器、厕所隔板、洗浴室、晾晒场、卫生室、康复室等。

2. 卫生清洁标准及时间

（1）地面、楼道、洗漱台面，每日随时进行清理，保持洁净，无水渍、无积水、无纸屑果皮、无碎末废弃物、无痰迹；墙壁、门窗、开水器、安全扶手等无手印、无污物、无涂画，表面擦拭干净，洁净明亮，无灰尘、蛛网及污渍。

（2）桌椅、橱柜、消火栓、电器、沙发等设备设施擦拭干净，无灰尘、无污渍。所有用品需每日擦拭，摆放整齐。

（3）墙体标语、指示牌、标志等装饰物，无灰尘、无污渍。

（4）卫生间大、小便器，地面，台面，隔板及洁具等每天随时清洗洁净，且每3天做一次消毒处理，保证卫生间清新，无异味。镜子明净光亮，无污尘、无水渍。

（5）定时对纱窗进行拆洗，无尘土、无污物，及时清理干净楼道顶端和拐角上方的蜘蛛网。

（6）所有的花卉、盆栽没有枯叶，花盆表面干净。

（7）早晨7点前，中午11点前，下午5点前把垃圾收掉，更换垃圾袋,垃圾桶擦拭干净。

(8)拖布、扫把等卫生用品使用完毕后需清洗干净,摆放整齐有序。

(二) 餐厅

地面:干净、明亮,不得有泥污脚印。

餐桌:不得有杂物、油渍,摆放整齐。

抹布:随时清洗,保持干净,不得有油渍。每餐用洗涤液浸泡。无法保持清洁时应及时更换。

墩布:使用完必须涮干净,不得有油渍、异味,放在墩布池里摆放整齐。

窗帘:保持清洁,不得有油渍、污渍,不能粘手。

玻璃:明亮,无油污,无手印。

水池:每天清洗,水池内不得有杂物。水池旁边须配备洗手设施。

垃圾桶:责任区内的垃圾桶应及时清理,桶身应保持干净整洁。

大厅悬挂物:应擦拭干净,不得有尘土。

(三) 厨房

垃圾桶:闭餐后及时清洗,凹槽部位要刷洗干净,不得有油渍、污渍,每次用完后应及时盖严。

地面:不得有积水,闭餐后及时清理;应用墩布擦拭,不得用水管冲洗地面。

地沟:垃圾不得堆积过多,应经常清理。

货架:不得有尘土、油渍、污渍。

冰箱:生食、半成品、热食严格分开存放;肉类、水产、蔬菜类严格分开存放;冰箱内霜不得超过 0.5 cm 厚,保持内部干净,无杂物;冰箱外部保持清洁，不得有尘土、油渍、手印。

墩布：必须在墩布池内涮洗墩布，放置时应先涮洗干净，并在墩布池内摆放整齐。

抹布：定期清洗、高温消毒，不得发黏、有异味；无法保持清洁的，应及时更换。

排烟罩：干净清洁，无油渍，不得在排烟罩上放置物品。

操作台：不使用时，操作台上应清理干净，不得摆放杂物，工具清洗后应存放在工具柜内。

炊事机械：使用完毕后及时清理，保持干净、整洁，并归位摆放整齐。

灶台：使用完毕后及时清理杂物，不得有油渍、污渍。

菜筐：保持清洁，摆放整齐，不得直接放在地上。

水池：保持清洁，水池内不得有杂物。

地面、天花板：及时清理，无污、无脱皮。

（四）卫生间

卫生间：保持干净、整洁、无异味，及时通风。

地面：不得有积水、烟头、杂物。

纸篓：及时清理，保持清洁。

便池：及时冲刷，保持清洁，不得有残留物。

（五）更衣室

更衣室：保持干净、整洁、无异味，及时通风。

地面：不得有积水、烟头、杂物。

更衣柜：柜门不得乱涂乱画；柜顶不得放置杂物，个人物品须摆放整齐。

（六）员工形象

1. 餐厅员工着统一工装，佩戴工牌上岗。
2. 工装、帽子干净、平整，无破损、无异味、无污渍，衣扣齐全。
3. 头发保持干净，梳理整齐。男员工鬓角处头发不过耳，女员工长发应盘起。
4. 不得染指甲，不得留长指甲（不超过 0.5 mm）。不戴戒指、手链、耳环、项链等饰品。
5. 男员工不留胡须。

（七）切菜、烹饪、洗涤间等

1. 货架无泥土，菜品摆放整齐。
2. 垃圾桶四周及地面、墙面无油污、无垃圾，并加盖盖子，垃圾不得堆放在地上。
3. 墙面、顶棚无灰土、油污、孔洞，无脱落瓷砖，制度、标识等张贴符合标准。
4. 设备（冰箱、冰柜、工作台、炉灶、洗涤池等）表面无油污、灰尘，符合使用标准、维护标准。
5. 灯泡、灯管、灭蝇灯、管道、电线表面无油污、无灰尘、无脱落掉线。
6. 菜品、设备、工具、用具摆放标准，符合卫生要求，抽油烟机、换气装置无较重油污。
7. 门、窗、纱窗无破损、无油污、无灰尘，灭火器本身洁净无油污。

（八）住养人员居室

1. 室内空气清新。
2. 地面：要求无垃圾、无污迹、无水渍、地砖明亮。
3. 门窗：窗台无杂物、无灰尘；框缝无杂物、无积灰；玻璃要目视无痕、无手印、洁净光亮。
4. 桌椅、橱柜：摆放整齐；表面无杂物、无灰尘、无水渍、无刻痕；椅背上不准摆放衣物和钩挂其他物品。
5. 衣架：置于室内一角，不准乱挂物品；底座无灰尘。
6. 电视、电器开关：表面无污迹、无灰尘、无水渍。
7. 天花板：无蜘蛛网。
8. 墙壁：不乱涂乱画、不乱张贴、不乱钉钉、无蜘蛛网。
9. 室内无苍蝇、蟑螂等。
10. 垃圾桶：桶内装袋且无异味。
11. 被罩、床单、枕巾、枕套：每周均要清洗一次（清洗干净的同时放在库房存放，等到下次清洗时替换），被子叠放整齐，枕头置于被子上方、床单平整（角和角对齐），床上不准有其他物品。
12. 水杯：置床头柜上，护理人员每天清洗一遍水杯确保水杯内部清洁，无污垢。
13. 牙缸：置于床头柜上，保持清洁，无污迹。
14. 手巾：置于床头柜两侧，干净且叠放整齐。
15. 暖瓶：置于窗台一角，表面无水渍。
16. 茶几：置于电视下方，表面清洁，无杂物、无污迹、无灰尘、无水渍。
17. 痰盂：干净无异味；每天至少清洗或倒一次。
18. 档案柜：置于室内一角，表面无污迹、无灰尘、无水渍。
19. 窗帘：对称悬挂整齐。
20. 室内不准存放烟、酒、打火机、刀具、毒品、易燃、易爆等违禁品。

21.室内无卫生死角。

(九) 庭院

1.每日清理擦拭垃圾桶、桌凳。

2.清扫道路、地面、路牙。

3.洗刷楼前门厅。

4.清理绿化带内杂物。

5.院工随时巡查,随时清理。

(十) 职工宿舍

1.地面:室内地面无垃圾、痰迹、积水,物品摆放整齐。垃圾倾倒及时。人离开后,凳子一律摆放整齐。

2.墙面:墙面清洁,无张贴物,不钉钉子,无挂钩,墙面、墙角无蜘蛛网。

3.床铺:起床后,床上物品一律叠放整齐、有序。

4.桌面:桌面保持干净、无杂物,物品分类放置整齐。

5.卫生间:无异味,地板、洗手盆、厕盆无污垢,洗手盆台面干净,洗涮用品摆放整齐。

6.其他:室内保持空气新鲜、无异味;皮箱、不常用衣物放置整齐;不私接电线,不违章用电。

7.宿舍长每天应根据宿舍安全、卫生点检标准对房间安全、卫生进行检查。

（十一）办公室（包括所有工作人员办公、值班房间）

1. 经常开窗通风，保持室内空气清新。
2. 地面：要求无垃圾、无污迹、无水渍、地砖明亮。
3. 门窗：窗台无杂物、无灰尘；框缝无杂物、无积灰，玻璃要目视无痕、无手印、洁净光亮。
4. 桌椅：表面无杂物、无灰尘、无水渍、无刻痕；桌面上不准摆放与办公无关的用品；椅背上不准摆放衣物和钩挂其他物品。
5. 档案柜：表面无杂物、无灰尘、无水渍、无刻痕；档案柜内资料、物品摆放整齐有序。
6. 衣架：置于房屋一角，不准乱挂物品，底座无灰尘。
7. 电器开关：表面无污迹、无灰尘、无水渍。
8. 室内各种线路要走向简洁、整齐、安全，并用护钉固定，不可私拉乱接临时线路。
9. 经常检查包线、插座安全情况，防止短路、漏电等问题发生。
10. 每天下班前要关掉电脑、打印机、复印机、电灯等电器开关，关窗、锁门。
11. 天花板：无蜘蛛网。
12. 墙壁：不乱涂乱画、不乱张贴、不乱钉钉，无蜘蛛网。
13. 室内无苍蝇、蟑螂等。
14. 垃圾桶：桶内装袋且无异味，每天一倒，不留过夜垃圾。
15. 被单、床单、枕巾、枕套：干净整洁，被子叠放整齐，床单平整（角和角对齐），床上不准有其他物品。
16. 暖瓶：表面无水渍。
17. 茶几：表面清洁，无杂物、无污迹、无灰尘、无水渍。
18. 档案柜：置于室内一角，无污迹、无灰尘、无水渍，表面不乱张贴、不乱涂画；内部资料摆放整齐有序。
19. 盆景：花盆里无杂物，花叶新鲜，无枯死、黄叶现象，合理浇灌。

20. 窗帘：对称悬挂整齐。
21. 打印机、复印机、电脑、电话：按时保养，表面无污迹、无灰尘。
22. 室内无卫生死角。
23. 清洁时间：每日上班前清洁一次，每周大扫除一次。

十、老年人护理知识

（一）老年人护理须知

老年人的健康长寿与基础护理有很大的关系。有一部分老年人最终夺去他们生命的不是原发病，而是由于护理人缺乏护理知识、护理不当所导致的并发症，可见基础护理在老年人的健康中占有相当重要的地位。现在，许多子女工作较忙，所以会为父母请专业护理人员，他们通常比较了解老年人的身体状况，能对其身体上产生的不适及时做出反应。子女和家庭护理员在护理老人的时候都要注意以下几点。

1.创造良好的休息环境。老年人身体素质较差，免疫能力较弱，所以在护理过程中要注意周围环境是否适宜老人。家庭室内温度以18～20℃为宜，室内最佳湿度应该是50%～60%，居室的采光良好，最好保持安静。另外要经常开窗通风，使空气流通，病菌排出室外。每次通风不应少于30分钟。对身体较弱的老人，通风时可暂到其他房间，避开冷空气的刺激，这样既可保持室内空气新鲜，又不至受凉感冒。

2.对老人的日常使用器具进行消毒。老人的身体免疫能力较弱，所以他们的日常使用器具要注意消毒，不然很有可能感染病菌。消毒有日晒法、煮沸法、浸泡法、擦拭法等。对于特殊的物品要用特殊的手段销毁，如老人的呕吐物、排泄物可撒一倍的石灰搅拌，2小时后再倒入厕所；肺结核老人的痰，可吐在纸盒或包在纸内烧掉。另外还要注意，接触老人后、饭前便后用肥皂洗手；老人的碗筷、口杯、用具等要专用，分开洗刷，消毒后单放等。

3.辅助老人进行适量的运动。适量的运动不仅能增强老人的身体素质,提高免疫力,同时也能带给老人好心情。一个优秀的服务人员,不管是陪护还是保姆,都不应该认为这些不是自己分内的事,对此漠不关心,而是应该积极协助老人进行运动。运动量要适宜,强度不宜过大,时间不宜过长。早晨起床时可以让老人躺在床上,伸展四肢,用双手互相揉搓,活动指关节,然后进行"干洗脸"动作 20~30 次。这些动作可使老年人适应从睡眠到觉醒过程的生理变化,使身体有一个过渡阶段,不致因突然起床头晕而摔倒,也可使呼吸、心跳的频率逐步改变,避免诱发心脏病。有条件的老年人在睡前洗个热水澡,能使全身的血管扩张,肌肉松弛,头部血液供应相对减少,利于入睡。身体不便或无盆浴条件的老年人可用温热水泡泡脚,有助于健康和睡眠。

(二) 老年人护理知识

1. 老年人心理问题

目前,老年人保健主要依靠药物、健身,很少有人考虑其心理健康问题。但在现实生活中,很多老年人由于长期缺乏与人沟通,易产生孤独、自尊感不强和老而无用的感觉,牢骚越多越影响心理健康,也不懂得如何调整自己的心态。

(1)老年人心理健康参考标准

良好的心理素质有益于增强体质,提高抗病能力。以下是 10 条心理健康的参考标准。

①充分的安全感。安全感需要多层次的环境条件,如社会环境、自然环境、工作环境、家庭环境等,其中家庭环境对安全感的影响最为重要。家是躲避风浪的港湾,有了家才会有安全感。

②充分地了解自己。这是指能够客观分析自己的能力,并做出恰如其分的判断。能否对自己的能力做出客观正确的判断,对自身的

情绪有很大的影响。如过高地估计自己的能力，勉强去做超过自己能力的事情，常常会得不到预期结果，使自己的精神遭受打击；过低地估计自己的能力，自我评价过低，缺乏自信心，常常会产生抑郁情绪。

③生活目标切合实际。要根据自己的经济能力、家庭条件及相应的社会环境来制定生活目标。生活目标的制定既要符合实际，还要留有余地，不要超出自己及家庭经济能力的范围。

④与外界环境保持接触。这样一方面可以丰富自己的精神生活，另一方面可以及时调整自己的行为，以便更好地适应环境。与外界环境保持接触包括三个方面，即与自然、社会和人的接触。老年人退休在家，有着过多的空闲时间，常常产生抑郁或焦虑情绪。如今的老年活动中心、老年文化活动站以及老年大学为老年人与外界环境接触提供了条件。

⑤保持个性的完整与和谐。个性中的能力、兴趣、性格与气质等各个心理特征必须和谐统一，才能在生活中体验出幸福感和满足感。例如一个人的能力很强，但对其所从事的工作无兴趣，也不适合他的性格，他未必能够体验成功感和满足感。相反，如果他对自己的工作感兴趣，但能力很差，力不从心，也会感到很烦恼。

⑥具有一定的学习能力。在现代社会中，为了适应新的生活方式，就必须不断学习。比如不学习电脑就体会不到上网的乐趣，不学健康新观念就会使生活仍停留在吃饱穿暖的水平上。学习可以锻炼老年人的记忆和思维能力，有益于预防脑功能减退和老年痴呆。

⑦保持良好的人际关系。人际关系的形成包括认知、情感、行为三个方面。情感方面的联系是人际关系的主要特征。在人际关系中，有正性积极的关系，也有负性消极的关系，而人际关系的协调与否，对人的心理健康有很大的影响。

⑧能适度地表达与控制自己的情绪。对不愉快的情绪必须给予释放或宣泄，但不能发泄过分，否则，既影响自己的生活，又加剧了人际矛盾。另外，客观事物不是决定情绪的主要因素，情绪是通过人们

对事物的评价而产生的,不同的评价结果引起不同的情绪反应。有个故事讲有一位老太太,大儿子是晒盐的,小儿子是卖伞的。老太太总是发愁,阴天她为大儿子担心,晴天为小儿子担心。一位心理医生对老太太说:"您真有福气,阴天您的大儿子赚钱,雨天您的小儿子赚钱。"老太太一想很有道理,便高兴起来了。

⑨有限度地发挥自己的才能与兴趣爱好。一个人的才能与兴趣爱好应该对自己有利,对家庭有利,对社会有利。否则只顾发挥自己的才能和兴趣,而损害了他人或团体的利益,就会引起人际纠纷,增添不必要的烦恼。

⑩在不违背社会道德规范的情况下,个人的基本需求应得到一定程度的满足。当个人的需求能够得到满足时,就会产生愉快感和幸福感。但人的需求往往是无止境的,在法律与道德的规范下,满足个人适当的需求为最佳的选择。

(2)善待古怪的老人

生活中常有这样一类老人:在到了一定年龄段或生活中发生了某种变故之后,他们的脾气和行事的方法变得"古怪"起来,有的脾气暴躁,性情孤僻,固执;有的则爱在晚辈面前终日念念叨叨,指责晚辈这不行那不是,爱替小辈们瞎操心。部分做晚辈的不明白老人为何突然会这般"讨厌",忍无可忍时,便喜欢跟老人顶撞怄气,甚至在人前驳老人的面子,结果使老人受到不同程度的傻害,或伤心不已,或怒不可遏。凡此各种都不利于老人身心健康。

老人变得"古怪",这并不是他们要存心招人讨厌,而是由老年人特定的生理和心理因素造成。人至暮年,机体各部分都开始明显地呈现出老化的迹象,有些老人还不得不终日忍受着病痛,这使他们的脾气无可避免地要变得暴躁一些。有些老人看到和自己相处了几十年的友人中不断有人辞世,也不禁会想起自己在人世间的日子已十分有限。这时再看到儿女在生活上尚不能自立,或比较幼稚的一面,当然也就会替他们感到着急和担忧。部分老人开始变得孤僻和消沉,则是因为自己的来日无多而想到了人生的苦短,和做人的"没意思"。膝下的儿女在这种情况下如果不能对老人多一分关心和体谅,反而对其有所嫌弃,就会给老人悲凉的心境多浇上一盆冷水,让他加倍地感觉到生活的残酷。所以说对"古怪"的老人加以体谅和善待,是十分必要的。对于"古怪"的老人,晚辈不仅要在生活上给予无微不至的关照,也要在心理和情感上给予必要的抚慰。要陪老人多拉家常、散心,并要注意多尊敬老人,千万不可随意批评和顶撞。为了养育儿女,父母的一生经历了数不清的艰辛,当他们人至暮年时,别说所表现出来的"古怪"是情有可原的,就是确有无理取闹、耍小孩子脾气之处,做晚辈的也应多加忍让,不可在老人面前造次。

(3)如何克服离退休的孤独感

离退休是人生历程中的重大转折之一,从正式离退休那天开始,老年人的社会角色发生了变化,从繁忙紧张的工作第一线退下来,生活节奏、工作节奏都突然变得松弛缓慢起来,本来天天见面的朋友、同事突然疏远不见,天天经过的街道马路也不常经过了,无所适从和孤独感的心理情绪加剧,使其感到难以适应。

首先,应树立正确的人生观和老年价值观,长寿的老人大多是乐观开朗,有积极的生活态度。最有效的办法是找事做,培养多方面的生活情趣。如写字作画可以陶冶情操、集中注意力,利于忘却孤独寂寞;种花养鸟须投入时间与精力,花要肥、鸟要食,须去购买与备置;种花养鸟有一套技术方法,钻进去需要一番忙碌,花香宜人、鸟鸣解闷,可以帮助老人摆脱烦恼、驱除孤寂。其他如参加集体文艺活动、跳舞、打太极拳、下棋、打球等,都能使老人在群体内交流思想情感,消除孤独感。

(4)老年人的心理需求

重视和理解老年人的心理特点,解决老年人的正常心理需求,对稳定老年人的情绪变化、健康长寿有很重要的意义。老年人常见的心理需求有以下几种。

①健康需求:人到老年,常有恐老、怕病、惧死的心理。这是老年人普遍存在的一种心理状态。

②工作需求:离退休的老年人大多尚有工作能力,骤然间离开工作岗位肯定会产生许多想法,希望再次从事工作,体现自身价值。

③依存需求:人到老年,精力、体力、脑力都有所下降,有的生活不能完全自理,希望得到关心照顾。子女的孝顺,将会使他们感到老有所依。

④和睦需求:老年人都希望自己有个和睦的家庭环境,不管家庭经济条件如何,只要全家和睦,邻居关系融洽,互敬互爱,互帮互助,老年人就会感到温暖和幸福。

⑤安静需求:老年人一般都喜欢安静,怕吵怕乱。

⑥支配需求:老年人原来多为一家之主,掌握家中的支配权。但由于年老后社会经济地位的变化,老年人的家庭地位、支配权都可能受到影响,这也可能造成老年人的苦恼。

⑦尊敬需求:老年人离开工作岗位可能会情绪低落,如果得不到尊重,就会产生悲观情绪,甚至不愿出门,长期下去,可能会引起抑郁,为疾病埋下祸根。

⑧求偶需求:老年人丧偶后生活寂寞,子女照顾也非长久之计,所以子女应该支持老人的求偶需求。

2.老年人常见疾病的护理

(1)老人腹泻莫禁食

老年人消化功能减弱,抵抗力降低,夏、秋季容易患肠道疾病,引起腹泻,如急性肠炎、急性菌痢等。传统观点认为,腹泻时肠黏膜充血、水肿甚至溃烂,应当让肠道"空一空",休息1~2天,这时禁食可减轻胃肠负担。其实,这种认识是错误的。因为人在腹泻时,会流失大量水分和无机盐,禁食会导致人体能量不足,需要分解肝糖原、脂肪、蛋白质来维持血糖浓度。老年人营养不良比较普遍,临床统计资料表明,60岁以上的老人中,20%左右的人患有营养不良;70岁以上的老人中,约有40%的人患有不同程度的贫血。营养不良的人没有足够的糖、蛋白质、脂肪在体内转化为葡萄糖来维持血糖浓度,当血糖低于每升 3 毫摩尔时,患者就会出现出虚汗、心悸、乏力、头昏、面色苍白、晕厥等一系列低血糖反应,有的甚至还能诱发心脑血管意外而危及生命。此外,腹泻时禁食还会引起体内营养素缺乏,延缓肠道病变的修复,从而减少对营养物质的吸收利用,形成恶性循环。

因此,腹泻时不但不能禁食,而且还应适当补充一些营养丰富且容易消化的食物,如藕粉、鸡蛋面糊、豆浆、细面条、豆腐脑、大米莲子粥、小米粥等,并应做到少食多餐、细嚼慢咽,以利营养素被机体消化吸收。老人腹泻时常有不同程度的脱水,因此,还应鼓励老人适当饮用补液体盐,以补充损失的水分和无机盐,维持体内酸碱平衡,促进早日康复。如出现中重度脱水症状,应及时就医。

(2)老人谨防冬夜抽筋

一些体弱的老人常在夜里发生小腿抽筋,疼痛难忍,有时一夜抽好几次,导致夜不能眠。医学研究认为,夜间小腿抽筋一般是由于人体血清钙离子浓度下降,使神经和肌肉兴奋增高所致。而寒冷刺激、熟睡时长时间下肢弯曲、突然伸腿等,往往又是诱发小腿抽筋的外因。预防和治疗低血钙引起的抽筋,主要有如下方法。

膳食要注意选用含钙量高而又有益于营养平衡的新鲜食品,如奶类(在临睡前喝一杯牛奶有明显疗效)、豆制品或虾皮、麻酱、海带等补充人体的钙质。也可以在食品中适量添加骨钙粉、碳酸氢钙等。还可以在医生指导下服用葡萄糖酸钙片、钙素母、乳酸钙等含钙药物。注意多吃一些含维生素 D 的食品。

在寒冷的季节,衣服不能穿得太少,被子要保暖,不能让腿部受凉,睡醒时伸腿动作不要太快太猛。

(3)高血压

①定义

高血压是指体循环动脉血压高于正常的血压范围。高血压病是指原因不明的动脉血压持续升高,伴有不同程度的心、脑、肾和血管的病变。世界卫生组织诊断标准为:

a.正常血压(成人)收缩压为 17.3～18.6 千帕(130～

139mmHg），舒张压为 11.3～11.9 千帕（85～89mmHg）。

b.高血压标准为收缩压在 18.7 千帕（140mmHg）以上，舒张压在 12 千帕（90mmHg）以上。

②类型及临床表现

a.缓进型：病情进展慢，早期可出现头痛、头昏、失眠、心悸等，以后可有心、脑、肾器质性损伤，如左心衰竭，脑血管意外（痉挛、出血、血栓形成）、肾功能不全等。

b.急进型：病情进展快，舒张压持续在 17.3 千帕（130mmHg）以上，伴有脑、心、肾或血管的功能障碍，常因肾功能衰竭而死亡。

③护理要点

a.休息：按病情而定，注意劳逸结合，保证睡眠，避免过度紧张及劳累，适量活动，有心、脑、肾功能障碍患者须卧床休息。

b.饮食：适当控制钠盐摄入，每天限摄取 5 克；低饱和脂肪、低胆固醇饮食；多吃含维生素的蔬菜和水果；避免刺激性食物；肥胖者应节制饮食；禁烟酒。

c.心理：了解患者思想，使之对高血压有正确的认识，既要知道高血压病的可治性和治疗的长期性，又要知道高血压病并发症的危险性和可防性，使患者消除顾虑，加强自我控制能力。

d.按医嘱服用抗高血压的药物。

e.注意观察病情，若出现剧烈的头痛、呕吐、视力模糊、心悸、气促、肢体功能障碍等现象及时去医院诊治。平时每天测量血压 1～2 次以便了解病情。同时要观察服药后的不良反应。

f.适当进行锻炼，如练太极拳、练气功、散步等。

g.定期门诊随访。

（4）冠心病

①定义

冠心病是指冠状动脉粥样硬化后造成的血管腔狭窄或阻塞，导致心肌缺血、缺氧而引起的心脏病。

②临床表现

a.心绞痛是心肌急剧、暂时性缺血缺氧引起的。常由于劳累、情绪激动、受寒、饱餐、吸烟等诱发。典型表现为胸骨后窒息、紧缩感或压榨性疼痛,可放射至左肩和左臂内侧及无名指,历时1～5分钟,休息或含服硝酸甘油后1～3分钟内缓解,发作时患者可伴有面色苍白,出冷汗等。

b.心肌梗死是心肌持续严重缺血、缺氧所致心肌坏死。

先兆:发病前一周内突然出现心绞痛或疼痛频率和程度加重。

典型表现:疼痛性质似心绞痛,但剧烈而持久,可达数小时以上;烦躁不安、出冷汗,含服硝酸甘油无效;常合并有休克、心力衰竭和各种心律失常;也可伴有腹胀;心电图有典型坏死、损伤、缺血改变。

③护理要点

a.休息:避免过度劳累,根据病情可适当活动,以促进心脏侧支循环建立和改善储备功能。心绞痛时静卧休息;心肌梗死者第一周绝对卧床休息,一切由护理人员协助,第二周可自行床上活动,无并发症者第三周后在护理人员帮助下可下床在室内慢慢行走。

b.饮食:给予低动物脂肪、低胆固醇、少盐、低热量和适量蛋白质食物,应少食多餐,不宜过饱。戒烟酒,避免刺激性食物。急性心肌梗死患者须食清淡、易消化、半流质饮食。

c.保持大便通畅:避免排便用力,以防因腹内压急剧升高,影响心功能。两天不排便者给予润肠或缓泻剂。心肌梗死患者禁忌大量不保留灌肠。

d.心理:患者常有恐惧、沮丧的心理反应,应给予心理支持,增强其安全感。

e.病情观察:心绞痛的发作频率和程度,有无休克、心律失常及心力衰竭。有无其他并发症(栓塞、室壁瘤、猝死)。观察药物不良反应。

f.按医嘱用药。

g.避免诱发因素如劳累、激动、过饱、寒冷等。

h. 随身带保健盒。

i. 定期门诊随访。

(5) 慢性支气管炎

①定义

慢性支气管炎是指气管、支气管黏膜及周围组织的慢性非特异性炎症。

②临床表现

咳嗽、咳痰、喘息或伴有炎症；常是反复发作的慢性过程。严重时可并发阻塞性肺气肿、肺心病及呼吸衰竭。

③护理

a. 有发热、呼吸困难者需要卧床休息。

b. 注意避免吸入尘埃、烟雾及刺激性气体，室内应温暖，空气不宜干燥。

c. 鼓励进食高蛋白、高热量、高维生素、易消化饮食，以补充体能消耗，同时保证水分摄入，以利痰液稀释咳出。

d. 观察咳嗽的性质、时间及与体位的关系，注意痰液的性质、气味和量。

e. 鼓励咳嗽（深吸气后再咳嗽）、咳痰，痰液黏稠者可用蒸汽吸入，超声雾化药物吸入，使痰液稀释，并可轻拍背部促进排痰（叩背方法常采用"背拢掌空"式叩击法，由外向内，自下而上，轻轻叩击），必要时可作体位引流。

f. 呼吸困难者给半卧位，氧气吸入。

g. 观察并发症，如自发性气胸、肺心、呼吸衰竭等。

h. 按医嘱应用化痰止咳药及抗生素。

i. 肺气肿患者应进行呼吸功能锻炼，训练腹式呼吸。

j. 提高机体耐寒抗病能力，如户外活动，擦冷水面等。须戒除吸烟习惯。

(6)糖尿病

①定义

糖尿病是指由于胰岛素相对不足或绝对不足而引起代谢紊乱的内分泌疾病。其原因不明,可能与遗传和自体免疫有关。

②临床表现

有多食、多饮、多尿、消瘦乏力(三多一少)及血糖升高、尿糖实验阳性等表现。严重者可发生酮症酸中毒而昏迷。常可合并感染、血管病变(冠心、肾血管硬化、脑动脉硬化、下肢动脉闭塞)神经病变(周围神经炎)等。

③护理要点

a.饮食:饮食的控制和调节是糖尿病治疗的基本措施。目的是减轻胰岛负担,帮助胰岛功能恢复。饮食应根据病情、身高、体重、劳动强度和有无并发症等因素调节。在饮食控制同时需要全面掌握患者进食情况。具体为:治疗饮食不够,可增加三煮蔬菜和其他高纤维素食物充饥;治疗饮食有剩余,则要与医生联系,扣除降糖药剂量。如果要吃甜食,可用木糖醇调味;要吃水果,必须扣除主食热量。

b.休息:生活要有规律,充足睡眠,劳逸结合,重症和有严重并发症者须卧床休息。休息能减少能量消耗,对大脑有保护性抑制,有利于康复。

c.皮肤、口腔护理:可预防感染,由于糖尿病的高血糖及维生素B代谢紊乱,可导致皮肤干燥、瘙痒。糖尿病患者有末梢神经功能障碍,故对热感觉不敏感,易引起烫伤,因此用温水擦洗;口腔有异味,需加强口腔护理。

d.衣着、鞋袜要宽松,防止趾端坏疽。

e.心理护理:因糖尿病是终身疾病,患者易出现焦虑心理问题,必须认真做好病情解释,使患者认识本病是可以控制的。可展望先进治疗方法,以增加治疗信心,以取得合作,有利于疾病治疗。

f.按医嘱定时用药,并观察不良反应。

g.严密观察病情。具体为定时测血糖;观察酮症酸中毒、低血糖等征兆,一旦出现及时就医;观察并发症,如感染、肢体坏疽、白内障、冠心病等;嘱患者随身携带疾病诊断小卡,以免发生意外时可以及时作相应处理,要定期门诊随访。

(7)老年性痴呆

①定义

老年性痴呆是发生在老年期和老年前期的获得性、持续性智力损害。

②临床表现

不同程度的记忆力、思维能力、语言表达能力、定向力的障碍,同时伴有性格、情感反应控制及社会交往力的障碍。常见的老年性痴呆可以分为以下两种。

a.原发性,是大脑皮质退行性病变或萎缩。

b.血管性,多发生脑梗死后脑缺血所致功能减退。

③护理要点

a.要重视情感的交流,主动接近老人,多说亲切的话语,做些爱抚的动作,使老人感受关爱和温暖。

b.加强防护,防止意外,不要让老人单独外出,在口袋内放置或在衣服上缝上带有姓名、地址、联系电话的安全卡。不要接近有危险物品,如刀刃、火、药物等。

c.合理安排日常生活,因老人的自理能力差,需要生活上给予体贴入微的照顾。

d.避免各种负面的心理刺激,鼓励用脑锻炼。

e.按医嘱用药,可以延缓老年性痴呆病情的发展。

f.对卧床不起的老人须加床挡,每2小时翻身一次,预防褥疮,定时进行肢体被动运动以防肌肉萎缩及关节僵直。

3.老年人如何过冬天

立冬之后天气渐渐寒冷、气候干燥,给老年人的生理、心理带来诸多不良影响,稍不注意便会引起旧病复发或诱发新病,特别是一些呼吸道疾病（例如慢性支气管炎、肺气肿、支气管哮喘等）都很容易在冬季里发生。而且，由于在冬季老年人抗病能力低下而易患感冒、流感等疾病，一旦患了感冒又会并发肺炎，还可诱发心绞痛、心肌梗死等。因此，许多老年人害怕过冬天，使得一到冬季常常给老人心理上增加很多心理负担。

其实冬季并不可怕，只要老年人注意适应冬季气候特点，顺其自然，重视自我保健，就能平平安安地度过冬天。为了平安地度过冬季，老年人应当做到以下几点。

一是注意防寒保暖。冬季气温较低，为了抵御寒冷，机体调节功能也在发生着显著变化，比如皮下脂肪增多、毛细血管收缩、汗液分泌减少，组织代谢加强等，而老年人由于主要脏器逐步老化且功能减退，皮肤松弛，皮下脂肪减少，机体代谢功能低下，适应性和抵抗力较差，抗寒及抗病能力都明显低于青年人。因此，当寒潮或强冷空气袭来之时，老年人高血压、中风的发病率明显增高，心血管疾病患者也容易发生心绞痛、心梗、心力衰竭等。严寒还是伤风感冒、支气管炎、冠心病、肺气肿、哮喘的重要诱因。此外，当机体受到寒冷刺激之后，还容易发生手足皲裂、冻疮或皮肤痒等。所以，老年人必须随时注意防寒保暖，要随天气的变化及时增添衣裤，避免着凉，防止感冒。

二是重视饮食调理。冬季老年人的日常膳食应以"温""补"为主，宜吃一些高热量、高蛋白的食品，合理安排一日三餐，做到荤素搭配，以增加营养，增强御寒能力。要避免或少吃凉食、刺激性食物和油腻、不易消化的食物。

三是讲究心理卫生。临床实践多次证明，许多疾病的发生、发展和恶化，与人的心理状态息息相关。老年人应该避免忧郁、焦虑、紧张等不良因素的刺激，保持情绪乐观、精神愉快，科学安排生活，注意劳逸结合，防止过度疲劳，使意志安宁，心境恬静。另外，要保证有充足的睡眠。一般老年人应保持8～10小时的睡眠时间，并应午睡，睡觉前不要过于兴奋。

四是改善居室环境。在冬季，人们为了御寒而将门、窗紧闭起来,再加上取暖设施的使用,致使室内的空气干燥、污浊,容易引起呼吸道疾病。因此,在控制室内温度同时,应注意保持室内整洁、空气流通和湿度适宜。

五是注意取暖适度。正确的冬季取暖方法是:室内温度保持在18～25℃,局部取暖不要超过10分钟。

六是适当进行体育锻炼。在冬季,老人应在力所能及的情况下坚持每天锻炼,这对增强体质,防病保健大有裨益。

七是不宜洗浴过勤。冬季老人以5～6天洗浴一次最佳,而且水不宜太热,洗后最好喝一杯热开水。

八是切忌烟酒嗜好。冬季房门紧闭,烟雾不宜外散,吸烟对人体十分有害,若长期烟雾蓄积则对人体影响更大;由于冬季室内外温差较大,酒后体虚,易使外寒之邪乘虚而入,寒热错杂,极易给心、肺、脑造成损害。

九是避免外出时间过长。由于冬季是呼吸道传染病的易发季节,而老年人的机体免疫功能低下,抗病能力差,很容易染上传染病。

十是有病早治。老人在冬季若稍有不适如食欲不佳、发热、咳嗽、胸痛、心悸、气短、疲乏无力等,应及时去找医生诊治,以免延误治疗,造成病情加重。

4. 老年人七忌

一忌用硬毛牙刷。老人牙龈脆弱,使用硬毛牙刷会因硬质毛束的碰撞,造成创伤性牙龈破损,从而引起牙周病。

二忌吃得过饱。老年人胃肠消化功能减退,吃得过饱可致上腹饱胀,影响心肺正常活动。加之消化食物时大量血液集中到胃肠中,导致心脑供血相对减少,容易诱发心肌梗死和中风。

三忌贪杯狂饮。饮酒过量可使血管扩张、血压下降诱发心绞痛,或由于血压突然升高,引起脑出血。

四忌饮食过咸。吃盐过多,会增加循环血量、老人肾脏排钠功能减弱,可导致血管收缩、血压升高和心脏负荷加重,甚至诱发心力衰竭。

五忌睡弹簧床。睡弹簧床使老人身体中段下陷,虽然身体上面的肌肉可放松,但下面的肌肉却被拉紧,这容易使患有腰肌劳损、骨质增生、颈椎病的老人加重症状。

六忌久坐后猛然站起。老人久坐后起身过快可使脑血量相对减少,造成暂时性脑缺血,出现头晕、眼花、心慌、容易跌倒,导致意外创伤。

七忌洗澡过勤。老人皮肤变薄变皱,皮脂腺萎缩,过勤洗澡易使人疲乏,并使皮肤因缺乏油脂而干燥。倘若再用碱性或酸性香皂,刺激皮肤而发生痛痒或裂纹,很容易引起皮肤感染。

5.临终关怀护理

临终关怀,在生命最后的时刻,给患者最温暖的照顾。其中临终关怀的护理,包括以下四方面的内容。

(1)以照料为中心。对临终患者来讲,治愈希望已变得十分渺茫,而最需要的是身体舒适、控制疼痛、生活护理和心理支持,因此,目标以由治疗为主转为对症处理和护理照顾为主。

(2)维护人的尊严。患者尽管处于临终阶段,但个人尊严不应该因生命活力降低而递减,个人权利也不可因身体衰竭而被剥夺,只要未进入昏迷阶段,仍具有思想和感情,医护人员应维护和支持其个人权利。如保留个人隐私和自己的生活方式,参与医疗护理方案的制定,选择死亡方式等。

(3)提高临终生活质量。有些人片面地认为临终就是等待死亡,生活已没有价值,患者也变得消沉,对周围的一切失去兴趣,甚至,有的医护人员也这样认为,并表现出面孔冷漠,态度、语言生硬,操作粗鲁,不知该如何面对患者。

临终也是生活,是一种特殊类型的生活,所以正确认识和尊重患者最后生活的价值,提高其生活质量是对临终患者最有效的服务。

(4)共同面对死亡。有生便有死,死亡和出生一样是客观世界的自然规律,是不可违背的,是每个人都要经历的事实,正是死亡才使生显得有意义。而临终患者只是比我们早些面对死亡的人,他们的现在也是我们以后要面临的。死赋予生以意义,死是一个人的最终决断,所以,我们要珍惜生命、珍惜时间,要迎接挑战、勇敢面对。因此,工作人员首先建立正确的生死观,才能坦然地指导患者面对死亡、接受死亡,珍惜即将结束的生命的价值;同时应和临终患者一起共同面对死亡,将他们的经历视为自己的体验,要有恰当的移情,站在他们的角度去想和处理一些事情。

6. 如何防止老年人发生意外

身体的功能,随着年龄的增长而衰退,五官、躯干及四肢的功能也逐渐下降。人老了,眼花,腰弯背驼,语言、行动缓慢,各方面都可能出现问题,影响老年人的安全。如对可能发生的意外,事先采取一定的措施,很多是可以防止的。

(1)老年人可能发生的意外

a. 跌倒:老年人跌倒的发生率随增龄而增高。其原因主要有以下几种。

一是姿势控制能力降低。因老化伴有脑细胞的减少,可造成生理性的姿势控制能力降低,同时中枢神经系统疾病也可引起病理性姿势控制能力减弱,使姿势倾斜度增加。

二是大脑的决断迟缓。一是由于感知和综合自身感受处理信息的中枢过程减慢,表现为对险情不能及时发现,在快速回转动作的复杂过程中失去平衡,发生意外的绊倒、滑倒。二是由于老人视力降低,立体感减弱,识别高低的能力差。

三是肢体协调功能减弱。如步态的改变,脚抬不高,行走速度纠正不了姿势的倾斜度,关节活动不灵活或骨盆运动减少,行走时骨盆必须侧向支持体重的那条腿,才能腾出另一条腿向前行走,当腿移动太慢,则易发生跌倒。

四是病理改变。小脑和基底神经节梗死、灌流不足或变性等原因均有损于大脑和小脑的功能,出现共济失调或步态短小、心脏瓣膜病、冠状动脉供血不足等。

五是发作性跌倒。由于各种病理或生理过程损害椎动脉或脑干的供氧。

六是药物因素。长期服用安眠药,可损害精神运动性功能;降压药和降糖药可诱发头晕,导致跌倒。

七是环境。浴室、盥洗室、居室的布局和配备不合理,或老人对环境不适应等危险因素。

b. 误吸、误食:器官老化引起神经反射性活动衰退,吞咽肌群互不协调,引起吞咽障碍。消化功能降低、咀嚼困难、唾液分泌减少,使老人在进食过程中呛咳或发噎。视力差还可引起老人误食非食品。

c. 坠床:意识不清或存在意识障碍的老人,常因躁动,在自主或不自主的活动中坠床。意识清楚的老人可因自身平衡功能减退,在险境中不能敏捷地回避。

(2)预防意外情况发生

①了解老人的心理,做好疏导工作:一般有两种心理状态能危及老人的安全,一是不服老,二是不愿麻烦他人,尤其是个人生活上的小事,愿意自己动手。如有的老人明知不能独自上厕所,但却不要别人帮助。

②措施:老化的生理性的和病理性的改变所造成的不安全因素,严重地威胁老人的健康,甚至生命,护理人员应意识到其重要性。

一是防跌倒。帮助老人熟悉环境,加深对方位、布局和设施的记忆,以协助其感觉器官的作用。衣、裤、鞋不宜过于长、大,尤其是裤腿太长会直接影响行走,走动时应穿合脚的布鞋,尽量不穿拖鞋,穿脱袜子、鞋、裤应坐着进行。在老人走动的范围内,应有足够的采光,地面或地毯保持平整、无障碍物,水泥地面应避免受湿,如有条件铺塑胶地板,光而不滑,平而有弹性。盥洗室应装坐便器,并设有扶手。澡盆不宜过高,盆口离地不应超过 50 cm,以便于进出,盆底垫胶毡,以防老人滑倒。老人在行动前应先站稳、站直后再起步。小步态老人行走时应有人搀扶或拄拐杖。对反应迟钝,有体位性低血压,服用盐酸氯丙嗪类药物以及用降压药的老人,尽量夜间不去厕所,如夜尿较频,应在睡前准备好夜间所需物品和便器,必须下床或上厕所时,一定要有人陪伴。

二是防呛防噎。食物少而精,软而易消化,保证足够的营养,进食的体位要合适,尽量采取坐位或半卧位。要求老人注意力集中,吃干食发噎者,进食时准备水或饮料,每口食物不宜过多,喝稀食易呛者,应把食物加工成糊状。

三是防坠床。有意识障碍的老人应加床挡;睡眠中翻身幅度较大或身材高大的老人,应在床旁用椅子护挡;如果发现老人睡近床边缘时,要及时护挡,必要时把老人推向床中央,以防老人坠床摔伤。

四是注意给药安全。内服药与外用药应分开,标记鲜明,发给时向老人讲解清楚,使其确实明白;耐心细致地观察药物的作用和副作用,在服用有反应的药物时应注意其延缓反应,尽管在过敏试验中无反应,但初次给药时仍需继续观察。当静脉、肌肉给药时,除了速度慢于平时外,应边注射边观察,发现问题立即停止注射,同时报告;在药推注完后,不要让老人立即起床,继续观察2～3分钟,安眠药最好上床后服用,以防药物在老人上床前起作用而引起跌倒;夜间或睡眠中给服药,一定把老人叫醒后再服,以防似醒非醒服药造成呛咳,使药物误入气管;粉剂应装胶囊或加水混成糊状再服。

五是防止交叉感染。老人免疫功能低下,对疾病的抵抗力弱,应预防感染新的疾病。所以不宜过多会客,必要时可"谢绝会客"。患者之间尽量避免互相走访,尤其患呼吸道感染的老人更不应串门。

六是注意饮食营养。使老人心理上有安全感,促进早日康复。老年人的饮食营养来源于饮食,是维持生命的物质基础,为人体生长发育、组织修复和维持生理功能提供必需的营养素和热能,营养状况的优劣直接影响人的健康和寿命。但在不同年龄阶段,对营养的质和量的需求也不同。随着年龄的增长,身体各器官发生一系列解剖学和生理学改变,其功能逐渐下降。消化系统器官也不例外,他们对食物的消化、营养的吸收功能均减退,从食物中摄入的营养也相应减少。所以要保持老年人身体健康,延年益寿,必须根据老年人的生理和病理特点,给予合理的饮食护理。

中华人民共和国老年人权益保障法

第一章 总　　则

第一条　为了保障老年人合法权益，发展老龄事业，弘扬中华民族敬老、养老、助老的美德，根据宪法，制定本法。

第二条　本法所称老年人是指六十周岁以上的公民。

第三条　国家保障老年人依法享有的权益。老年人有从国家和社会获得物质帮助的权利，有享受社会服务和社会优待的权利，有参与社会发展和共享发展成果的权利。禁止歧视、侮辱、虐待或者遗弃老年人。

第四条　积极应对人口老龄化是国家的一项长期战略任务。国家和社会应当采取措施，健全保障老年人权益的各项制度，逐步改善保障老年人生活、健康、安全以及参与社会发展的条件，实现老有所养、老有所医、老有所为、老有所学、老有所乐。

第五条　国家建立多层次的社会保障体系，逐步提高对老年人的保障水平。国家建立和完善以居家为基础、社区为依托、机构为支撑的社会养老服务体系。倡导全社会优待老年人。

第六条　各级人民政府应当将老龄事业纳入国民经济和社会发展规划，将老龄事业经费列入财政预算，建立稳定的经费保障机制，并鼓励社会各方面投入，使老龄事业与经济、社会协调发展。国务院制定国家老龄事业发展规划。县级以上地方人民政府根据国家老龄事业发展规划，制定本行政区域的老龄事业发展规划和年度计划。县级以上人民政府负责老龄工作的机构，负责组织、协调、指导、督促有关部门做好老年人权益保障工作。

第七条　保障老年人合法权益是全社会的共同责任。国家机关、社会团体、企业事业单位和其他组织应当按照各自职责,做好老年人权益保障工作。基层群众性自治组织和依法设立的老年人组织应当反映老年人的要求,维护老年人合法权益,为老年人服务。提倡、鼓励义务为老年人服务。

第八条　国家进行人口老龄化国情教育,增强全社会积极应对人口老龄化意识。全社会应当广泛开展敬老、养老、助老宣传教育活动,树立尊重、关心、帮助老年人的社会风尚。青少年组织、学校和幼儿园应当对青少年和儿童进行敬老、养老、助老的道德教育和维护老年人合法权益的法制教育。广播、电影、电视、报刊、网络等应当反映老年人的生活,开展维护老年人合法权益的宣传,为老年人服务。

第九条　国家支持老龄科学研究,建立老年人状况统计调查和发布制度。

第十条　各级人民政府和有关部门对维护老年人合法权益和敬老、养老、助老成绩显著的组织、家庭或者个人,对参与社会发展做出突出贡献的老年人,按照国家有关规定给予表彰或者奖励。

第十一条　老年人应当遵纪守法,履行法律规定的义务。

第十二条　每年农历九月初九为老年节。

第二章　家庭赡养与扶养

第十三条　老年人养老以居家为基础,家庭成员应当尊重、关心和照料老年人。

第十四条　赡养人应当履行对老年人经济上供养、生活上照料和精神上慰藉的义务,照顾老年人的特殊需要。赡养人是指老年人的子女以及其他依法负有赡养义务的人。赡养人的配偶应当协助赡养人履行赡养义务。

第十五条　赡养人应当使患病的老年人及时得到治疗和护理;对经济困难的老年人,应当提供医疗费用。对生活不能自理的老年人,赡养人应当承担照料责任;不能亲自照料的,可以按照老年人的意愿委托他人或者养老机构等照料。

第十六条　赡养人应当妥善安排老年人的住房,不得强迫老年人居住或者迁居条件低劣的房屋。老年人自有的或者承租的住房,子女或者其他亲属不得侵占,不得擅自改变产权关系或者租赁关系。老年人自有的住房,赡养人有维修的义务。

第十七条　赡养人有义务耕种或者委托他人耕种老年人承包的田地,照管或者委托他人照管老年人的林木和牲畜等,收益归老年人所有。

第十八条　家庭成员应当关心老年人的精神需求,不得忽视、冷落老年人。与老年人分开居住的家庭成员,应当经常看望或者问候老年人。用人单位应当按照国家有关规定保障赡养人探亲休假的权利。

第十九条　赡养人不得以放弃继承权或者其他理由,拒绝履行赡养义务。赡养人不履行赡养义务,老年人有要求赡养人付给赡养费等权利。赡养人不得要求老年人承担力不能及的劳动。

第二十条　经老年人同意,赡养人之间可以就履行赡养义务签订协议。赡养协议的内容不得违反法律的规定和老年人的意愿。基层群众性自治组织、老年人组织或者赡养人所在单位监督协议的履行。

第二十一条　老年人的婚姻自由受法律保护。子女或者其他亲属不得干涉老年人离婚、再婚及婚后的生活。赡养人的赡养义务不因老年人的婚姻关系变化而消除。

第二十二条　老年人对个人的财产,依法享有占有、使用、收益和处分的权利,子女或者其他亲属不得干涉,不得以窃取、骗取、强行索取等方式侵犯老年人的财产权益。老年人有依法继承父母、配偶、子女或者其他亲属遗产的权利,有接受赠予的权利。子女或者其他亲属不得侵占、抢夺、转移、隐匿或者损毁应当由老年人继承或者接受赠予的财产。老年人以遗嘱处分财产,应当依法为老年配偶保留必要的份额。

第二十三条 老年人与配偶有相互扶养的义务。由兄、姐扶养的弟、妹成年后，有负担能力的，对年老无赡养人的兄、姐有扶养的义务。

第二十四条 赡养人、扶养人不履行赡养、扶养义务的，基层群众性自治组织、老年人组织或者赡养人、扶养人所在单位应当督促其履行。

第二十五条 禁止对老年人实施家庭暴力。

第二十六条 具备完全民事行为能力的老年人，可以在近亲属或者其他与自己关系密切、愿意承担监护责任的个人、组织中协商确定自己的监护人。监护人在老年人丧失或者部分丧失民事行为能力时，依法承担监护责任。老年人未事先确定监护人的，其丧失或者部分丧失民事行为能力时，依照有关法律的规定确定监护人。

第二十七条 国家建立健全家庭养老支持政策，鼓励家庭成员与老年人共同生活或者就近居住，为老年人随配偶或者赡养人迁徙提供条件，为家庭成员照料老年人提供帮助。

第三章 社会保障

第二十八条 国家通过基本养老保险制度，保障老年人的基本生活。

第二十九条 国家通过基本医疗保险制度，保障老年人的基本医疗需要。享受最低生活保障的老年人和符合条件的低收入家庭中的老年人参加新型农村合作医疗和城镇居民基本医疗保险所需个人缴费部分，由政府给予补贴。有关部门制定医疗保险办法，应当对老年人给予照顾。

第三十条 国家逐步开展长期护理保障工作，保障老年人的护理需求。对生活长期不能自理、经济困难的老年人，地方各级人民政府应当根据其失能程度等情况给予护理补贴。

第三十一条 国家对经济困难的老年人给予基本生活、医疗、居住或者其他救助。老年人无劳动能力、无生活来源、无赡养人和扶养人，或者其赡养人和扶养人确无赡养能力或者扶养能力的，由地方各级人民政府依照有关规定给予供养或者救助。对流浪乞讨、遭受遗弃等生活无着的老年人，由地方各级人民政府依照有关规定给予救助。

第三十二条　地方各级人民政府在实施廉租住房、公共租赁住房等住房保障制度或者进行危旧房屋改造时，应当优先照顾符合条件的老年人。

第三十三条　国家建立和完善老年人福利制度，根据经济社会发展水平和老年人的实际需要，增加老年人的社会福利。国家鼓励地方建立八十周岁以上低收入老年人高龄津贴制度。国家建立和完善计划生育家庭老年人扶助制度。农村可以将未承包的集体所有的部分土地、山林、水面、滩涂等作为养老基地，收益供老年人养老。

第三十四条　老年人依法享有的养老金、医疗待遇和其他待遇应当得到保障，有关机构必须按时足额支付，不得克扣、拖欠或者挪用。国家根据经济发展以及职工平均工资增长、物价上涨等情况，适时提高养老保障水平。

第三十五条　国家鼓励慈善组织以及其他组织和个人为老年人提供物质帮助。

第三十六条　老年人可以与集体经济组织、基层群众性自治组织、养老机构等组织或者个人签订遗赠扶养协议或者其他扶助协议。负有扶养义务的组织或者个人按照遗赠扶养协议，承担该老年人生养死葬的义务，享有受遗赠的权利。

第四章　社会服务

第三十七条　地方各级人民政府和有关部门应当采取措施，发展城乡社区养老服务，鼓励、扶持专业服务机构及其他组织和个人，为居家的老年人提供生活照料、紧急救援、医疗护理、精神慰藉、心理咨询等多种形式的服务。对经济困难的老年人，地方各级人民政府应当逐步给予养老服务补贴。

第三十八条 地方各级人民政府和有关部门、基层群众性自治组织,应当将养老服务设施纳入城乡社区配套设施建设规划,建立适应老年人需要的生活服务、文化体育活动、日间照料、疾病护理与康复等服务设施和网点,就近为老年人提供服务。发扬邻里互助的传统,提倡邻里间关心、帮助有困难的老年人。鼓励慈善组织、志愿者为老年人服务。倡导老年人互助服务。

第三十九条 各级人民政府应当根据经济发展水平和老年人服务需求,逐步增加对养老服务的投入。各级人民政府和有关部门在财政、税费、土地、融资等方面采取措施,鼓励、扶持企业事业单位、社会组织或者个人兴办、运营养老、老年人日间照料、老年文化体育活动等设施。

第四十条 地方各级人民政府和有关部门应当按照老年人口比例及分布情况,将养老服务设施建设纳入城乡规划和土地利用总体规划,统筹安排养老服务设施建设用地及所需物资。公益性养老服务设施用地,可以依法使用国有划拨土地或者农民集体所有的土地。养老服务设施用地,非经法定程序不得改变用途。

第四十一条 政府投资兴办的养老机构,应当优先保障经济困难的孤寡、失能、高龄等老年人的服务需求。

第四十二条 国务院有关部门制定养老服务设施建设、养老服务质量和养老服务职业等标准,建立健全养老机构分类管理和养老服务评估制度。各级人民政府应当规范养老服务收费项目和标准,加强监督和管理。

第四十三条 设立公益性养老机构,应当依法办理相应的登记。设立经营性养老机构,应当在市场监督管理部门办理登记。养老机构登记后即可开展服务活动,并向县级以上人民政府民政部门备案。

第四十四条 地方各级人民政府加强对本行政区域养老机构管理工作的领导,建立养老机构综合监管制度。县级以上人民政府民政部门负责养老机构的指导、监督和管理,其他有关部门依照职责分工对养老机构实施监督。

第四十五条　县级以上人民政府民政部门依法履行监督检查职责,可以采取以下措施:(一)向养老机构和个人了解情况;(二)进入涉嫌违法的养老机构进行现场检查;(三)查阅或者复制有关合同、票据、账簿及其他有关资料;(四)发现养老机构存在可能危及人身健康和生命财产安全风险的,责令限期改正,逾期不改正的,责令停业整顿。县级以上人民政府民政部门调查养老机构涉嫌违法的行为,应当遵守《中华人民共和国行政强制法》和其他有关法律、行政法规的规定。

第四十六条　养老机构变更或者终止的,应当妥善安置收住的老年人,并依照规定到有关部门办理手续。有关部门应当为养老机构妥善安置老年人提供帮助。

第四十七条　国家建立健全养老服务人才培养、使用、评价和激励制度,依法规范用工,促进从业人员劳动报酬合理增长,发展专职、兼职和志愿者相结合的养老服务队伍。国家鼓励高等学校、中等职业学校和职业培训机构设置相关专业或者培训项目,培养养老服务专业人才。

第四十八条　养老机构应当与接受服务的老年人或者其代理人签订服务协议,明确双方的权利、义务。养老机构及其工作人员不得以任何方式侵害老年人的权益。

第四十九条　国家鼓励养老机构投保责任保险,鼓励保险公司承保责任保险。

第五十条　各级人民政府和有关部门应当将老年医疗卫生服务纳入城乡医疗卫生服务规划,将老年人健康管理和常见病预防等纳入国家基本公共卫生服务项目。鼓励为老年人提供保健、护理、临终关怀等服务。国家鼓励医疗机构开设针对老年病的专科或者门诊。医疗卫生机构应当开展老年人的健康服务和疾病防治工作。

第五十一条　国家采取措施,加强老年医学的研究和人才培养,提高老年病的预防、治疗、科研水平,促进老年病的早期发现、诊断和治疗。国家和社会采取措施,开展各种形式的健康教育,普及老年保健知识,增强老年人自我保健意识。

第五十二条　国家采取措施,发展老龄产业,将老龄产业列入国家扶持行业目录。扶持和引导企业开发、生产、经营适应老年人需要的用品和提供相关的服务。

第五章　社会优待

第五十三条　县级以上人民政府及其有关部门根据经济社会发展情况和老年人的特殊需要,制定优待老年人的办法,逐步提高优待水平。对常住在本行政区域内的外埠老年人给予同等优待。

第五十四条　各级人民政府和有关部门应当为老年人及时、便利地领取养老金、结算医疗费和享受其他物质帮助提供条件。

第五十五条　各级人民政府和有关部门办理房屋权属关系变更、户口迁移等涉及老年人权益的重大事项时,应当就办理事项是否为老年人的真实意思表示进行询问,并依法优先办理。

第五十六条　老年人因其合法权益受侵害提起诉讼交纳诉讼费确有困难的,可以缓交、减交或者免交;需要获得律师帮助,但无力支付律师费用的,可以获得法律援助。鼓励律师事务所、公证处、基层法律服务所和其他法律服务机构为经济困难的老年人提供免费或者优惠服务。

第五十七条　医疗机构应当为老年人就医提供方便,对老年人就医予以优先。有条件的地方,可以为老年人设立家庭病床,开展巡回医疗、护理、康复、免费体检等服务。提倡为老年人义诊。

第五十八条　提倡与老年人日常生活密切相关的服务行业为老年人提供优先、优惠服务。城市公共交通、公路、铁路、水路和航空客运,应当为老年人提供优待和照顾。

第五十九条　博物馆、美术馆、科技馆、纪念馆、公共图书馆、文化馆、影剧院、体育场馆、公园、旅游景点等场所,应当对老年人免费或者优惠开放。

第六十条　农村老年人不承担兴办公益事业的筹劳义务。

第六章　宜居环境

第六十一条　国家采取措施,推进宜居环境建设,为老年人提供安全、便利和舒适的环境。

第六十二条　各级人民政府在制定城乡规划时,应当根据人口老龄化发展趋势、老年人口分布和老年人的特点,统筹考虑适合老年人的公共基础设施、生活服务设施、医疗卫生设施和文化体育设施建设。

第六十三条　国家制定和完善涉及老年人的工程建设标准体系,在规划、设计、施工、监理、验收、运行、维护、管理等环节加强相关标准的实施与监督。

第六十四条　国家制定无障碍设施工程建设标准。新建、改建和扩建道路、公共交通设施、建筑物、居住区等,应当符合国家无障碍设施工程建设标准。各级人民政府和有关部门应当按照国家无障碍设施工程建设标准,优先推进与老年人日常生活密切相关的公共服务设施的改造。无障碍设施的所有人和管理人应当保障无障碍设施正常使用。

第六十五条　国家推动老年宜居社区建设,引导、支持老年宜居住宅的开发,推动和扶持老年人家庭无障碍设施的改造,为老年人创造无障碍居住环境。

第七章　参与社会发展

第六十六条　国家和社会应当重视、珍惜老年人的知识、技能、经验和优良品德,发挥老年人的专长和作用,保障老年人参与经济、政治、文化和社会生活。

第六十七条　老年人可以通过老年人组织,开展有益身心健康的活动。

第六十八条　制定法律、法规、规章和公共政策,涉及老年人权益重大问题的,应当听取老年人和老年人组织的意见。老年人和老年人组织有权向国家机关提出老年人权益保障、老龄事业发展等方面的意见和建议。

第六十九条　国家为老年人参与社会发展创造条件。根据社会需要和可能,鼓励老年人在自愿和量力的情况下,从事下列活动：(一)对青少年和儿童进行社会主义、爱国主义、集体主义和艰苦奋斗等优良传统教育;(二)传授文化和科技知识;(三)提供咨询服务;(四)依法参与科技开发和应用;(五)依法从事经营和生产活动;(六)参加志愿服务、兴办社会公益事业;(七)参与维护社会治安、协助调解民间纠纷;(八)参加其他社会活动。

第七十条　老年人参加劳动的合法收入受法律保护。任何单位和个人不得安排老年人从事危害其身心健康的劳动或者危险作业。

第七十一条　老年人有继续受教育的权利。国家发展老年教育,把老年教育纳入终身教育体系,鼓励社会办好各类老年学校。各级人民政府对老年教育应当加强领导,统一规划,加大投入。

第七十二条　国家和社会采取措施,开展适合老年人的群众性文化、体育、娱乐活动,丰富老年人的精神文化生活。

第八章　法律责任

第七十三条　老年人合法权益受到侵害的,被侵害人或者其代理人有权要求有关部门处理,或者依法向人民法院提起诉讼。人民法院和有关部门,对侵犯老年人合法权益的申诉、控告和检举,应当依法及时受理,不得推诿、拖延。

第七十四条　不履行保护老年人合法权益职责的部门或者组织,其上级主管部门应当给予批评教育,责令改正。国家工作人员违法失职,致使老年人合法权益受到损害的,由其所在单位或者上级机关责令改正,或者依法给予处分;构成犯罪的,依法追究刑事责任。

第七十五条　老年人与家庭成员因赡养、扶养或者住房、财产等发生纠纷,可以申请人民调解委员会或者其他有关组织进行调解,也可以直接向人民法院提起诉讼。人民调解委员会或者其他有关组织调解欠款纠纷时,应当通过说服、疏导等方式化解矛盾和纠纷;对有过错的家庭成员,应当给予批评教育。人民法院对老年人追索赡养费或者扶养费的申请,可以依法裁定先予执行。

第七十六条　干涉老年人婚姻自由,对老年人负有赡养义务、扶养义务而拒绝赡养、扶养,虐待老年人或者对老年人实施家庭暴力的,由有关单位给予批评教育;构成违反治安管理行为的,依法给予治安管理处罚;构成犯罪的,依法追究刑事责任。

第七十七条　家庭成员盗窃、诈骗、抢夺、侵占、勒索、故意损毁老年人财物,构成违反治安管理行为的,依法给予治安管理处罚;构成犯罪的,依法追究刑事责任。

第七十八条　侮辱、诽谤老年人,构成违反治安管理行为的,依法给予治安管理处罚;构成犯罪的,依法追究刑事责任。

第七十九条　养老机构及其工作人员侵害老年人人身和财产权益,或者未按照约定提供服务的,依法承担民事责任;有关主管部门依法给予行政处罚;构成犯罪的,依法追究刑事责任。

第八十条　对养老机构负有管理和监督职责的部门及其工作人员滥用职权、玩忽职守、徇私舞弊的,对直接负责的主管人员和其他直接责任人员依法给予处分;构成犯罪的,依法追究刑事责任。

第八十一条　不按规定履行优待老年人义务的,由有关主管部门责令改正。

第八十二条　涉及老年人的工程不符合国家规定的标准或者无障碍设施所有人、管理人未尽到维护和管理职责的,由有关主管部门责令改正;造成损害的,依法承担民事责任;对有关单位、个人依法给予行政处罚;构成犯罪的,依法追究刑事责任。

第九章　附　　则

第八十三条　民族自治地方的人民代表大会,可以根据本法的原则,结合当地民族风俗习惯的具体情况,依照法定程序制定变通的或者补充的规定。

第八十四条 本法施行前设立的养老机构不符合本法规定条件的,应当限期整改。具体办法由国务院民政部门制定。

第八十五条 本法自 2013 年 7 月 1 日起施行。

国务院办公厅关于推进养老服务发展的意见

国办发〔2019〕5号

各省、自治区、直辖市人民政府，国务院各部委、各直属机构：

党中央、国务院高度重视养老服务，党的十八大以来，出台了加快发展养老服务业、全面放开养老服务市场等政策措施，养老服务体系建设取得显著成效。但总的看，养老服务市场活力尚未充分激发，发展不平衡不充分、有效供给不足、服务质量不高等问题依然存在，人民群众养老服务需求尚未有效满足。按照2019年政府工作报告对养老服务工作的部署，为打通"堵点"，消除"痛点"，破除发展障碍，健全市场机制，持续完善居家为基础、社区为依托、机构为补充、医养相结合的养老服务体系，建立健全高龄、失能老年人长期照护服务体系，强化信用为核心、质量为保障、放权与监管并重的服务管理体系，大力推动养老服务供给结构不断优化、社会有效投资明显扩大、养老服务质量持续改善、养老服务消费潜力充分释放，确保到2022年在保障人人享有基本养老服务的基础上，有效满足老年人多样化、多层次养老服务需求，老年人及其子女获得感、幸福感、安全感显著提高，经国务院同意，现提出以下意见。

一、深化放管服改革

（一）建立养老服务综合监管制度。制定"履职照单免责、失职照单问责"的责任清单，制定加强养老服务综合监管的相关政策文件，建立各司其职、各尽其责的跨部门协同监管机制，完善事中事后监管制度。健全"双随机、一公开"工作机制，加大对违规行为的查处惩戒力度，坚持最严谨的标准、最严格的监管、最严厉的处罚、最严肃的问责。市场监管部门要将企业登记基本信息共享至省级共享平台或省级部门间数据接口;民政部门要及时下载养老机构相关信息,加强指导和事中事后监管。加快推进养老服务领域社会信用体系建设,2019年6月底前,建立健全失信联合惩戒机制,对存在严重失信行为的养老服务机构(含养老机构、居家社区养老服务机构以及经营范围和组织章程中包含养老服务内容的其他企业、事业单位和社会组织)及人员实施联合惩戒。养老服务机构行政许可、行政处罚、抽查检查结果等信息按经营性质分别通过全国信用信息共享平台、国家企业信用信息公示系统记于其名下并依法公示(民政部、发展改革委、人民银行、市场监管总局按职责分工负责,地方各级人民政府负责)。

(二)继续深化公办养老机构改革。充分发挥公办养老机构及公建民营养老机构兜底保障作用,在满足当前和今后一个时期特困人员集中供养需求的前提下,重点为经济困难失能(含失智,下同)老年人、计划生育特殊家庭老年人提供无偿或低收费托养服务。坚持公办养老机构公益属性,确定保障范围,其余床位允许向社会开放,研究制定收费指导标准,收益用于支持兜底保障对象的养老服务。探索具备条件的公办养老机构改制为国有养老服务企业。制定公建民营养老机构管理办法,细化评审标准和遴选规则,加强合同执行情况监管。公建民营养老机构运营方应定期向委托部门报告机构资产情况、运营情况,及时报告突发重大情况(民政部、发展改革委、财政部、中央编办、国资委、卫生健康委按职责分工负责,地方各级人民政府负责)。

(三)解决养老机构消防审验问题。依照《建筑设计防火规范》,做好养老机构消防审批服务,提高审批效能。对依法申报消防设计审核、消防验收和消防备案的养老机构,主动提供消防技术咨询服务,依法尽快办理。各地要结合实际推行养老服务行业消防安全标准化管理,注重分类引导,明确养老机构建筑耐火等级、楼层设置和平面布置、防火分隔措施、安全疏散和避难设计、建筑消防设施、消防管理机构和人员、微型消防站建设等配置要求,推动养老机构落实消防安全主体责任,开展隐患自查自改,提升自我管理水平。农村敬老院及利用学校、厂房、商业场所等举办的符合消防安全要求的养老机构,因未办理不动产登记、土地规划等手续问题未能通过消防审验的,2019年12月底前,由省级民政部门提请省级人民政府组织有关部门集中研究处置。具备消防安全技术条件的,由相关主管部门出具意见,享受相应扶持政策(应急部、住房城乡建设部、自然资源部、民政部、市场监管总局按职责分工负责,地方各级人民政府负责)。

(四)减轻养老服务税费负担。聚焦减税降费,养老服务机构符合现行政策规定条件的,可享受小微企业等财税优惠政策。研究非营利性养老服务机构企业所得税支持政策。对在社区提供日间照料、康复护理、助餐助行等服务的养老服务机构给予税费减免扶持政策。落实各项行政事业性收费减免政策,落实养老服务机构用电、用水、用气、用热享受居民价格政策,不得以土地、房屋性质等为理由拒绝执行相关价格政策(财政部、税务总局、发展改革委、市场监管总局按职责分工负责,地方各级人民政府负责)。

(五)提升政府投入精准化水平。民政部本级和地方各级政府用于社会福利事业的彩票公益金,要加大倾斜力度,到2022年要将不低于55%的资金用于支持发展养老服务。接收经济困难的高龄失能老年人的养老机构,不区分经营性质按上述老年人数量同等享受运营补贴,入住的上述老年人按规定享受养老服务补贴。将养老服务纳入政府购买服务指导性目录,全面梳理现行由财政支出安排的各类养老服务项目,以省为单位制定政府购买养老服务标准,重点购买生活照料、康复护理、机构运营、社会工作和人员培养等服务(财政部、民政部、卫生健康委按职责分工负责,地方各级人民政府负责)。

(六)支持养老机构规模化、连锁化发展。支持在养老服务领域着力打造一批具有影响力和竞争力的养老服务商标品牌,对养老服务商标品牌依法加强保护。对已经在其他地方取得营业执照的企业,不得要求其在本地开展经营活动时必须设立子公司。开展城企协同推进养老服务发展行动计划。非营利性养老机构可在其登记管理机关管辖区域内设立多个不具备法人资格的服务网点（市场监管总局、知识产权局、民政部、发展改革委按职责分工负责，地方各级人民政府负责）。

（七）做好养老服务领域信息公开和政策指引。建立养老服务监测分析与发展评价机制，完善养老服务统计分类标准，加强统计监测工作。2019年6月底前，各省级人民政府公布本行政区域现行养老服务扶持政策措施清单、养老服务供需信息或投资指南。制定养老服务机构服务质量信息公开规范，公开养老服务项目清单、服务指南、服务标准等信息。集中清理废除在养老服务机构公建民营、养老设施招投标、政府购买养老服务中涉及地方保护、排斥营利性养老服务机构参与竞争等妨碍统一市场和公平竞争的各种规定和做法（统计局、发展改革委、民政部、财政部、市场监管总局按职责分工负责，各省级人民政府负责）。

二、拓宽养老服务投融资渠道

（八）推动解决养老服务机构融资问题。畅通货币信贷政策传导机制，综合运用多种工具，抓好支小再贷款等政策落实。对符合授信条件但暂时遇到经营困难的民办养老机构，要继续予以资金支持。切实解决养老服务机构融资过程中有关金融机构违规收取手续费、评估费、承诺费、资金管理费等问题，减少融资附加费用，降低融资成本。鼓励商业银行探索向产权明晰的民办养老机构发放资产（设施）抵押贷款和应收账款质押贷款。探索允许营利性养老机构以有偿取得的土地、设施等资产进行抵押融资。大力支持符合条件的市场化、规范化程度高的养老服务企业上市融资。支持商业保险机构举办养老服务机构或参与养老服务机构的建设和运营，适度拓宽保险资金投资建设养老项目资金来源。更好发挥创业担保贷款政策作用，对从事养老服务行业并符合条件的个人和小微企业给予贷款支持，鼓励金融机构参照贷款基础利率，结合风险分担情况，合理确定贷款利

率水平。(人民银行、财政部、银保监会、证监会、自然资源部按职责分工负责)

(九)扩大养老服务产业相关企业债券发行规模。根据企业资金回流情况科学设计发行方案,支持合理灵活设置债券期限、选择权及还本付息方式,用于为老年人提供生活照料、康复护理等服务设施设备,以及开发康复辅助器具产品用品项目。鼓励企业发行可续期债券,用于养老机构等投资回收期较长的项目建设。对于项目建成后有稳定现金流的养老服务项目,允许以项目未来收益权为债券发行提供质押担保。允许以建设用地使用权抵押担保方式为债券提供增信。探索发行项目收益票据、项目收益债券支持养老服务产业项目的建设和经营。(发展改革委、人民银行、银保监会、证监会按职责分工负责)

(十)全面落实外资举办养老服务机构国民待遇。境外资本在内地通过公建民营、政府购买服务、政府和社会资本合作等方式参与发展养老服务,同等享受境内资本待遇。境外资本在内地设立的养老机构接收政府兜底保障对象的,同等享受运营补贴等优惠政策。将养老康复产品服务纳入中国国际进口博览会招展范围,探索设立养老、康复展区。(民政部、发展改革委、商务部按职责分工负责)

三、扩大养老服务就业创业

(十一)建立完善养老护理员职业技能等级认定和教育培训制度。2019年9月底前,制定实施养老护理员职业技能标准。加强对养老服务机构负责人、管理人员的岗前培训及定期培训,使其掌握养老服务法律法规、政策和标准。按规定落实养老服务从业人员培训费补贴、职业技能鉴定补贴等政策。鼓励各类院校特别是职业院校(含技工学校)设置养老服务相关专业或开设相关课程,在普通高校开设健康服务与管理、中医养生学、中医康复学等相关专业。推进职业院校(含技工学校)养老服务实训基地建设。按规定落实学生资助

政策。(人力资源社会保障部、教育部、财政部、民政部、市场监管总局按职责分工负责,地方各级人民政府负责)

(十二)大力推进养老服务业吸纳就业。结合政府购买基层公共管理和社会服务,在基层特别是街道(乡镇)、社区(村)开发一批为老服务岗位,优先吸纳就业困难人员、建档立卡贫困人口和高校毕业生就业。对养老服务机构招用就业困难人员,签订劳动合同并缴纳社会保险费的,按规定给予社会保险补贴。加强从事养老服务的建档立卡贫困人口职业技能培训和就业指导服务,引导其在养老服务机构就业,吸纳建档立卡贫困人口就业的养老服务机构按规定享受创业就业税收优惠、职业培训补贴等支持政策。对符合小微企业标准的养老服务机构新招用毕业年度高校毕业生,签订1年以上劳动合同并缴纳社会保险费的,按规定给予社会保险补贴。落实就业见习补贴政策,对见习期满留用率达到50%以上的见习单位,适当提高就业见习补贴标准。(人力资源社会保障部、教育部、财政部、民政部、扶贫办按职责分工负责,地方各级人民政府负责)

(十三)建立养老服务褒扬机制。研究设立全国养老服务工作先进集体和先进个人评比达标表彰项目。组织开展国家养老护理员技能大赛,对获奖选手按规定授予"全国技术能手"荣誉称号,并晋升相应职业技能等级。开展养老护理员关爱活动,加强对养老护理员先进事迹与奉献精神的社会宣传,让养老护理员的劳动创造和社会价值在全社会得到尊重。(人力资源社会保障部、民政部、卫生健康委、广电总局按职责分工负责)

四、扩大养老服务消费

(十四)建立健全长期照护服务体系。研究建立长期照护服务项目、标准、质量评价等行业规范,完善居家、社区、机构相衔接的专业化长期照护服务体系。完善全国统一的老年人能力评估标准,通过政府购买服务等方式,统一开展老年人能力综合评估,考虑失能、失智、残疾等状况,评估结果作为领取老年人补贴、接受基本养老服务的依据。全面建立经济困难的高龄、失能老年人补贴制度,加强与残疾人两项补贴政策衔接。加快实施长期护理保险制度试点,推动形成符合国情的长期护理保险制度框架。鼓励发展商业性长期护理保险产品,为参保人提供个性化长期照护服务。(民政部、财政部、卫生健康委、市场监管总局、医保局、银保监会、中国残联按职责分工负责)

(十五)发展养老普惠金融。支持商业保险机构在地级以上城市开展老年人住房反向抵押养老保险业务,在房地产交易、抵押登记、公证等机构设立绿色通道,简化办事程序,提升服务效率。支持老年人投保意外伤害保险,鼓励保险公司合理设计产品,科学厘定费率。鼓励商业养老保险机构发展满足长期养老需求的养老保障管理业务。支持银行、信托等金融机构开发养老型理财产品、信托产品等养老金融产品,依法适当放宽对符合信贷条件的老年人申请贷款的年龄限制,提升老年人金融服务的可得性和满意度。扩大养老目标基金管理规模,稳妥推进养老目标证券投资基金注册,可以设置优惠的基金费率,通过差异化费率安排,鼓励投资人长期持有养老目标基金。养老目标基金应当采用成熟稳健的资产配置策略,控制基金下行风险,追求基金资产长期稳健增值。(银保监会、证监会、人民银行、住房城乡建设部、自然资源部按职责分工负责)

(十六)促进老年人消费增长。开展全国老年人产品用品创新设计大赛,制定老年人产品用品目录,建设产学研用协同的成果转化推广平台。出台老年人康复辅助器具配置、租赁、回收和融资租赁办法,推进在养老机构、城乡社区设立康复辅助器具配置服务(租赁)站点。开展系统的营养均衡配餐研究,开发适合老年人群营养健康需求的饮食产品,逐步改善老年人群饮食结构。(民政部、发展改革委、工业和信息化部、科技部、卫生健康委按职责分工负责)

(十七)加强老年人消费权益保护和养老服务领域非法集资整治工作。加大联合执法力度,组织开展对老年人产品和服务消费领域侵权行为的专项整治行动。严厉查处向老年人欺诈销售各类产品和服务的违法行为。广泛开展老年人识骗防骗宣传教育活动,提升老年人抵御欺诈销售的意识和能力。鼓励群众提供养老服务领域非法集资线索,对涉嫌非法集资行为及时调查核实、发布风险提示并依法稳妥处置。对养老机构为弥补设施建设资金不足,通过销售预付费性质"会员卡"等形式进行营销的,按照包容审慎监管原则,明确限制性条件,采取商业银行第三方存管方式确保资金管理使用安全。(市场监管总局、公安部、民政部、卫生健康委、人民银行、银保监会、广电总局按职责分工负责,地方各级人民政府负责)

五、促进养老服务高质量发展

(十八)提升医养结合服务能力。促进现有医疗卫生机构和养老机构合作,发挥互补优势,简化医养结合机构设立流程,实行"一个窗口"办理。对养老机构内设诊所、卫生所(室)、医务室、护理站,取消行政审批,实行备案管理。开展区域卫生规划时要为养老机构举办或内设医疗机构留出空间。医疗保障部门要根据养老机构举办和内设医疗机构特点,将符合条件的按规定纳入医保协议管理范围,完善协议管理规定,依法严格监管。具备法人资格的医疗机构可通过变更登记事项或经营范围开展养老服务。促进农村、社区的医养结合,推进基层医疗卫生机构和医务人员与老年人家庭建立签约服务关系,建立村医参与健康养老服务激励机制。有条件的地区可支持家庭医生出诊为老年人服务。鼓励医护人员到医养结合机构执业,并在职称评定等方面享受同等待遇。(卫生健康委、民政部、中央编办、医保局按职责分工负责)

(十九)推动居家、社区和机构养老融合发展。支持养老机构运营社区养老服务设施,上门为居家老年人提供服务。将失能老年人家庭成员照护培训纳入政府购买养老服务目录,组织养老机构、社会组织、社工机构、红十字会等开展养老照护、应急救护知识和技能培训。大力发展政府扶得起、村里办得起、农民用得上、服务可持续的农村幸福院等互助养老设施。探索"物业服务＋养老服务"模式,支持物业服务企业开展老年供餐、定期巡访等形式多样的养老服务。打造"三社联动"机制,以社区为平台、养老服务类社会组织为载体、社会工作者为支撑,大力支持志愿养老服务,积极探索互助养老服务。大力培养养老志愿者队伍,加快建立志愿服务记录制度,积极探索"学生社区志愿服务计学分"、"时间银行"等做法,保护志愿者合法权益。(民政部、发展改革委、财政部、卫生健康委、住房城乡建设部、教育部、共青团中央、中国红十字会总会按职责分工负责)

(二十)持续开展养老院服务质量建设专项行动。继续大力推动质量隐患整治工作,对照问题清单逐一挂号销账,确保养老院全部整治过关。加快明确养老机构安全等标准和规范,制定确保养老机构基本服务质量安全的强制性国家标准,推行全国统一的养老服务等级评定与认证制度。健全养老机构食品安全监管机制。扩大养老服务综合责任保险覆盖范围,鼓励居家社区养老服务机构投保雇主责任险和养老责任险。(民政部、卫生健康委、应急部、市场监管总局、银保监会按职责分工负责)

(二十一)实施"互联网＋养老"行动。持续推动智慧健康养老产业发展,拓展信息技术在养老领域的应用,制定智慧健康养老产品及服务推广目录,开展智慧健康养老应用试点示范。促进人工智能、物联网、云计算、大数据等新一代信息技术和智能硬件等产品在养老服务领域深度应用。在全国建设一批"智慧养老院",推广物联网和远程智能安防监控技术,实现24小时安全自动值守,降低老年人意外风险,改善服务体验。运用互联网和生物识别技术,探索建立老年人补贴远程申报审核机制。加快建设国家养老服务管理信息系统,推进与户籍、医疗、社会保险、社会救助等信息资源对接。加强老年人身份、生物识别等信息安全保护。(工业和信息化部、民政部、发展改革委、卫生健康委按职责分工负责)

(二十二)完善老年人关爱服务体系。建立健全定期巡访独居、空巢、留守老年人工作机制,积极防范和及时发现意外风险。推广

"养老服务顾问"模式，发挥供需对接、服务引导等作用。探索通过公开招投标方式，支持有资质的社会组织接受计划生育特殊家庭、孤寡、残疾等特殊老年人委托，依法代为办理入住养老机构、就医等事务。积极组织老年人开展有益身心健康的活动。重视珍惜老年人的知识、技能、经验和优良品德，发挥老年人的专长和作用，鼓励其在自愿和量力的情况下，从事传播文化和科技知识、参与科技开发和应用、兴办社会公益事业等社会活动。（民政部、卫生健康委、人力资源社会保障部按职责分工负责，地方各级人民政府负责）

（二十三）大力发展老年教育。优先发展社区老年教育，建立健全"县（市、区）—乡镇（街道）—村（居委会）"三级社区老年教育办学网络，方便老年人就近学习。建立全国老年教育公共服务平台，鼓励各类教育机构通过多种形式举办或参与老年教育，推进老年教育资源、课程、师资共享，探索养教结合新模式，为社区、老年教育机构及养老服务机构等提供支持。积极探索部门、行业企业、高校所举办老年大学服务社会的途径和方法。（教育部、卫生健康委、中央组织部、民政部按职责分工负责）

六、促进养老服务基础设施建设

（二十四）实施特困人员供养服务设施（敬老院）改造提升工程。将补齐农村养老基础设施短板、提升特困人员供养服务设施（敬老院）建设标准纳入脱贫攻坚工作和乡村振兴战略。从2019年起实施特困人员供养服务设施（敬老院）改造提升工程，积极发挥政府投资引导作用，充分调动社会资源，利用政府和社会资本合作、公建民营等方式，支持特困人员供养服务设施（敬老院）建设、改造升级照护型床位，开辟失能老年人照护单元，确保有意愿入住的特困人员全部实现集中供养。逐步将特困人员供养服务设施（敬老院）转型为区域性养老服务中心。（民政部、发展改革委按职责分工负责，地方各级人民政府负责）

（二十五）实施民办养老机构消防安全达标工程。从2019年起，民政部本级和地方各级政府用于社会福利事业的彩票公益金，采取以奖代补等方式，引导和帮助存量民办养老机构按照国家工程建设消防技术标准配置消防设施、器材，针对重大火灾隐患进行整改。对因总建筑面积较小或受条件限制难以设置自动消防系统的建筑，加强物防、技防措施，在服务对象住宿、主要活动场所和康复医疗用房安装独立式感烟火灾探测报警器和局部应用自动喷水灭火系统，配备应急照明设备和灭火器。（财政部、民政部、应急部按职责分工负责）

（二十六）实施老年人居家适老化改造工程。2020年底前，采取政府补贴等方式，对所有纳入特困供养、建档立卡范围的高龄、失能、残疾老年人家庭，按照《无障碍设计规范》实施适老化改造。有条件的地方可积极引导城乡老年人家庭进行适老化改造，根据老年人社会交往和日常生活需要，结合老旧小区改造等因地制宜实施。（民政部、住房城乡建设部、财政部、卫生健康委、扶贫办、中国残联按职责分工负责，地方各级人民政府负责）

（二十七）落实养老服务设施分区分级规划建设要求。2019年在全国部署开展养老服务设施规划建设情况监督检查，重点清查整改规划未编制、新建住宅小区与配套养老服务设施"四同步"（同步规划、同步建设、同步验收、同步交付）未落实、社区养老服务设施未达标、已建成养老服务设施未移交或未有效利用等问题。完善"四同步"工作规则，明确民政部门在"四同步"中的职责，对已交付产权人的养老服务设施由民政部门履行监管职责，确保养老服务用途。对存在配套养老服务设施缓建、缩建、停建、不建和建而不交等问题的，在整改到位之前建设单位不得组织竣工验收。按照国家相关标准和规范，将社区居家养老服务设施建设纳入城乡社区配套用房建设范围。对于空置的公租房，可探索允许免费提供给社会力量，供其在社区为老年人开展日间照料、康复护理、助餐助行、老年教育等服务。市、县级政府要制定整合闲置设施改造为养老服务设施的政策措施；整合改造中需要办理不动产登记的，不动产登记机构要依法加快办理登记手续。推进国有企业所属培训中心和疗养机构改革,对具备条件的加快资源整合、集中运营,用于提供养老服务。凡利用建筑面积1 000 m² 以下的独栋建筑或者建筑物内的部分楼层改造为养老服务设施的,在符合国家相关标准的前提下,可不再要求出具近期动迁计划说明、临时改变建筑使用功能说明、环评审批文件或备案回执。对养老服务设施总量不足或规划滞后的,应在城市、镇总体规划编制或修改时予以完善,有条件的地级以上城市应当编制养老服务设施专项规划。(住房城乡建设部、自然资源部、生态环境部、民政部、国资委按职责分工负责,地方各级人民政府负责)

(二十八)完善养老服务设施供地政策。举办非营利性养老服务机构,可凭登记机关发给的社会服务机构登记证书和其他法定材料申请划拨供地,自然资源、民政部门要积极协调落实划拨用地政策。鼓励各地探索利用集体建设用地发展养老服务设施。存量商业服务用地等其他用地用于养老服务设施建设的,允许按照适老化设计要求调整户均面积、租赁期限、车位配比及消防审验等土地和规划要求。(自然资源部、住房城乡建设部、民政部按职责分工负责,地方各级人民政府负责)

国务院建立由民政部牵头的养老服务部际联席会议制度。各地、各有关部门要强化工作责任落实,健全党委领导、政府主导、部门负责、社会参与的养老服务工作机制,加强中央和地方工作衔接。主要负责同志要亲自过问,分管负责同志要抓好落实。将养老服务政策落实情况纳入政府年度绩效考核范围,对落实养老服务政策积极主动、养老服务体系建设成效明显的,在安排财政补助及有关基础设施建设资金、遴选相关试点项目方面给予倾斜支持,进行激励表彰。各地要充实、加强基层养老工作力量,强化区域养老服务资源统筹管理。

国务院办公厅

2019年3月29日

(本文有删改)

国务院关于进一步健全特困人员救助供养制度的意见

国发〔2016〕14号

各省、自治区、直辖市人民政府，国务院各部委、各直属机构：

保障城乡特困人员基本生活，是完善社会救助体系、编密织牢民生安全网的重要举措，是坚持共享发展、保障和改善民生的应有之义，也是打赢脱贫攻坚战、全面建成小康社会的必然要求。长期以来，在党和政府的高度重视下，我国先后建立起农村五保供养、城市"三无"人员救济和福利院供养制度，城乡特困人员基本生活得到了保障。2014年，国务院公布施行了《社会救助暂行办法》，将城乡"三无"人员保障制度统一为特困人员供养制度，我国城乡特困人员保障工作进入新的发展阶段。为解决城乡发展不平衡、相关政策不衔接、工作机制不健全、资金渠道不通畅、管理服务不规范等问题，切实保障特困人员基本生活，根据《社会救助暂行办法》、《农村五保供养工作条例》，现就进一步健全特困人员救助供养制度提出以下意见。

一、总体要求和基本原则

（一）总体要求

以党的十八大和十八届三中、四中、五中全会精神为指导，按照党中央、国务院决策部署，以解决城乡特困人员突出困难、满足城乡特困人员基本需求为目标，坚持政府主导，发挥社会力量作用，在全国建立起城乡统筹、政策衔接、运行规范、与经济社会发展水平相适应的特困人员救助供养制度，将符合条件的特困人员全部纳入救助供养范围,切实维护他们的基本生活权益。

(二) 基本原则

坚持托底供养。强化政府托底保障职责,为城乡特困人员提供基本生活、照料服务、疾病治疗和殡葬服务等方面保障,做到应救尽救、应养尽养。

坚持属地管理。县级以上地方人民政府统筹做好本行政区域内特困人员救助供养工作,分级管理,落实责任,强化管理服务和资金保障,为特困人员提供规范、适度的救助供养服务。

坚持城乡统筹。健全城乡特困人员救助供养工作管理体制,在政策目标、资金筹集、对象范围、供养标准、经办服务等方面实现城乡统筹,确保城乡特困人员都能获得救助供养服务。

坚持适度保障。立足经济社会发展水平,科学合理制定救助供养标准,加强与其他社会保障制度衔接,实现特困人员救助供养制度保基本、全覆盖、可持续。

坚持社会参与。鼓励、引导、支持社会力量通过承接政府购买服务、慈善捐赠以及提供志愿服务等方式,为特困人员提供服务和帮扶,形成全社会关心、支持、参与特困人员救助供养工作的良好氛围。

二、制度内容

(一) 对象范围

城乡老年人、残疾人以及未满16周岁的未成年人,同时具备以下条件的,应当依法纳入特困人员救助供养范围。(1)无劳动能力、无生活来源、无法定赡养抚养扶养义务人或者其法定义务人无履行义务能力。(2)具体认定办法由民政部负责制定。

（二）办理程序

申请程序。申请特困人员救助供养,由本人向户籍所在地的乡镇人民政府(街道办事处)提出书面申请,按规定提交相关材料,书面说明劳动能力、生活来源以及赡养、抚养、扶养情况。本人申请有困难的,可以委托村(居)民委员会或者他人代为提出申请。乡镇人民政府(街道办事处)以及村(居)民委员会应当及时了解掌握辖区内居民的生活情况,发现符合特困人员救助供养条件的人员,应当告知其救助供养政策,对无民事行为能力等无法自主申请的,应当主动帮助其申请。

审核程序。乡镇人民政府(街道办事处)应当通过入户调查、邻里访问、信函索证、群众评议、信息核查等方式,对申请人的收入状况、财产状况以及其他证明材料等进行调查核实,于20个工作日内提出初审意见,在申请人所在村(社区)公示后,报县级人民政府民政部门审批。申请人及有关单位、组织或者个人应当配合调查,如实提供有关情况。

审批程序。县级人民政府民政部门应当全面审查乡镇人民政府(街道办事处)上报的调查材料和审核意见,并随机抽查核实,于20个工作日内做出审批决定。对符合条件的申请予以批准,并在申请人所在村(社区)公布;对不符合条件的申请不予批准,并书面向申请人说明理由。

终止程序。特困人员不再符合救助供养条件的,村(居)民委员会或者供养服务机构应当及时告知乡镇人民政府(街道办事处),由乡镇人民政府(街道办事处)审核并报县级人民政府民政部门核准后,终止救助供养并予以公示。县级人民政府民政部门、乡镇人民政府(街道办事处)在工作中发现特困人员不再符合救助供养条件的,应当及时办理终止救助供养手续。特困人员中的未成年人,满16周岁后仍在接受义务教育或在普通高中、中等职业学校就读的,可继续享有救助供养待遇。

(三）救助供养内容

提供基本生活条件。包括供给粮油、副食品、生活用燃料、服装、被褥等日常生活用品和零用钱。可以通过实物或者现金的方式予以保障。

对生活不能自理的给予照料。包括日常生活、住院期间的必要照料等基本服务。

提供疾病治疗。全额资助参加城乡居民基本医疗保险的个人缴费部分。医疗费用按照基本医疗保险、大病保险和医疗救助等医疗保障制度规定支付后仍有不足的，由救助供养经费予以支持。

办理丧葬事宜。特困人员死亡后的丧葬事宜，集中供养的由供养服务机构办理，分散供养的由乡镇人民政府（街道办事处）委托村（居）民委员会或者其亲属办理。丧葬费用从救助供养经费中支出。

对符合规定标准的住房困难的分散供养特困人员，通过配租公共租赁住房、发放住房租赁补贴、农村危房改造等方式给予住房救助。对在义务教育阶段就学的特困人员，给予教育救助；对在高中教育（含中等职业教育）、普通高等教育阶段就学的特困人员，根据实际情况给予适当教育救助。

（四）救助供养标准

特困人员救助供养标准包括基本生活标准和照料护理标准。

基本生活标准应当满足特困人员基本生活所需。照料护理标准应当根据特困人员生活自理能力和服务需求分类制定，体现差异性。

特困人员救助供养标准由省、自治区、直辖市或者设区的市级人民政府综合考虑地区、城乡差异等因素确定、公布，并根据当地经济社会发展水平和物价变化情况适时调整。民政部、财政部要加强对特困人员救助供养标准制定工作的指导。

(五)救助供养形式

特困人员救助供养形式分为在家分散供养和在当地的供养服务机构集中供养。具备生活自理能力的,鼓励其在家分散供养;完全或者部分丧失生活自理能力的,优先为其提供集中供养服务。

分散供养。对分散供养的特困人员,经本人同意,乡镇人民政府(街道办事处)可委托其亲友或村(居)民委员会、供养服务机构、社会组织、社会工作服务机构等提供日常看护、生活照料、住院陪护等服务。有条件的地方,可为分散供养的特困人员提供社区日间照料服务。

集中供养。对需要集中供养的特困人员,由县级人民政府民政部门按照便于管理的原则,就近安排到相应的供养服务机构;未满16周岁的,安置到儿童福利机构。

供养服务机构管理。供养服务机构应当依法办理法人登记,建立健全内部管理、安全管理和服务管理等制度,为特困人员提供日常生活照料、送医治疗等基本救助供养服务。有条件的经卫生计生行政部门批准可设立医务室或者护理站。供养服务机构应当根据服务对象人数和照料护理需求,按照一定比例配备工作人员,加强社会工作岗位开发设置,合理配备使用社会工作者。

三、保障措施

(一)加强组织领导

各地要将特困人员救助供养工作列入政府重要议事日程,将供养服务机构建设纳入经济社会发展总体规划,强化其托底保障功能,进一步完善工作协调机制,切实担负起资金投入、工作条件保障和监督检查责任。民政部门要切实履行主管部门职责,发挥好统筹协调作用,重点加强特困人员救助供养工作日常管理、能力建设,推动相关标准体系完善和信息化建设,实行特困人员"一人一档案",提升管理服务水平;加强对特困人员救助供养等社会救助工作的绩效评价,将结果送组织部门,作为对地方政府领导班子和有关领导干部综合考核评价的重要参考。卫生计生、教育、住房城乡建设、人力资源社会保障等其他社会救助管理部门要依据职责分工,积极配合民政部门做好特困人员救助供养相关工作,实现社会救助信息互联互通、资源共享,形成齐抓共管、整体推进的工作格局。发展改革部门要将特困人员救助供养纳入相关专项规划,支持供养服务设施建设。财政部门要做好相关资金保障工作。

(二)做好制度衔接

各地要统筹做好特困人员救助供养制度与城乡居民基本养老保险、基本医疗保障、最低生活保障、孤儿基本生活保障、社会福利等制度的有效衔接。符合相关条件的特困人员,可同时享受城乡居民基本养老保险、基本医疗保险等社会保险和高龄津贴等社会福利待遇。纳入特困人员救助供养范围的,不再适用最低生活保障政策。纳入孤儿基本生活保障范围的,不再适用特困人员救助供养政策。纳入特困人员救助供养范围的残疾人,不再享受困难残疾人生活补贴和重度残疾人护理补贴。

(三)强化资金保障

县级以上地方人民政府要将政府设立的供养服务机构运转费用、特困人员救助供养所需资金列入财政预算。省级人民政府要优化财政支出结构,统筹安排特困人员救助供养资金。中央财政给予适当补助,并重点向特困人员救助供养任务重、财政困难、工作成效突出的地区倾斜。有农村集体经营等收入的地方,可从中安排资金用于特困人员救助供养工作。各地要完善救助供养资金发放机制,确保资金及时足额发放到位。

（四）加强监督管理

各地区、各有关部门要将特困人员救助供养制度落实情况作为督查督办的重点内容,定期组织开展专项检查。加强对特困人员救助供养资金管理使用情况的监督检查,严肃查处挤占、挪用、虚报、冒领等违纪违法行为。充分发挥社会监督作用,对公众和媒体发现揭露的问题,要及时查处并公布处理结果。完善责任追究制度,加大行政问责力度,对因责任不落实造成严重后果的单位和个人,要依纪依法追究责任。

（五）鼓励社会参与

鼓励群众团体、公益慈善等社会组织、社会工作服务机构和企事业单位、志愿者等社会力量参与特困人员救助供养工作。鼓励运用政府和社会资本合作（PPP）模式,采取公建民营、民办公助等方式,支持供养服务机构建设。加大政府购买服务和项目支持力度,落实各项财政补贴、税收优惠和收费减免等政策,引导、激励公益慈善组织、社会工作服务机构,以及社会力量举办的养老、医疗等服务机构,为特困人员提供专业化个性化服务。

（六）加强政策宣传

各地区、各有关部门要采用群众喜闻乐见的形式,大力宣传特困人员救助供养政策,不断提高社会知晓度,积极营造全社会关心关爱特困人员的良好氛围。

民政部、财政部要加强对本意见执行情况的监督检查,重大情况及时向国务院报告,国务院将适时组织专项督查。

国务院

2016年2月10日

民政部关于印发《特困人员认定办法》的通知
民发〔2016〕178号

各省、自治区、直辖市民政厅(局),各计划单列市民政局,新疆生产建设兵团民政局:

为进一步规范特困人员认定工作,确保特困人员救助供养制度公开、公平、公正实施,根据《国务院关于进一步健全特困人员救助供养制度的意见》(国发〔2016〕14号),民政部制定了《特困人员认定办法》,现印发给你们,请结合实际遵照执行。

民政部

2016年10月10日

特困人员认定办法

第一章 总 则

第一条 根据《社会救助暂行办法》(国务院令第649号)、《国务院关于进一步健全特困人员救助供养制度的意见》(国发〔2016〕14号)及国家相关规定,制定本办法。

第二条 特困人员认定工作应当遵循以下原则:

(一)应救尽救,应养尽养;

(二)属地管理,分级负责;

(三)严格规范,高效便民;

(四)公开、公平、公正。

第三条 县级以上地方人民政府民政部门统筹做好本行政区域

内特困人员认定及救助供养工作。县级人民政府民政部门以及乡镇人民政府(街道办事处)具体负责特困人员认定工作,村(居)民委员会协助做好相关工作。

第二章 认定条件

第四条 城乡老年人、残疾人以及未满16周岁的未成年人,同时具备以下条件的,应当依法纳入特困人员救助供养范围:

(一)无劳动能力;

(二)无生活来源;

(三)无法定赡养、抚养、扶养义务人或者其法定义务人无履行义务能力。

第五条 符合下列情形之一的,应当认定为本办法所称的无劳动能力:

(一)60周岁以上的老年人;

(二)未满16周岁的未成年人;

(三)残疾等级为一、二级的智力、精神残疾人,残疾等级为一级的肢体残疾人;

(四)省、自治区、直辖市人民政府规定的其他情形。

第六条 收入总和低于当地最低生活保障标准,且财产符合当地特困人员财产状况规定的,应当认定为本办法所称的无生活来源。前款所称收入包括工资性收入、经营净收入、财产净收入、转移净收入等各类收入,不包括城乡居民基本养老保险中的基础养老金、基本医疗保险等社会保险和高龄津贴等社会福利补贴。

第七条 特困人员财产状况认定标准由设区的市级以上地方人民政府民政部门制定,并报同级地方人民政府同意。

第八条 法定义务人符合下列情形之一的,应当认定为本办法所称的无履行义务能力:

(一)具备特困人员条件的;

(二)60周岁以上或者重度残疾的最低生活保障对象,且财产符

合当地特困人员财产状况规定的;

(三)无民事行为能力、被宣告失踪或者在监狱服刑的人员,且财产符合当地特困人员财产状况规定的;

(四)省、自治区、直辖市人民政府规定的其他情形。

第九条 未满16周岁的未成年人同时符合特困人员救助供养条件和孤儿认定条件的,应当纳入孤儿基本生活保障范围,不再认定为特困人员。

第三章 申请及受理

第十条 申请特困人员救助供养,应当由本人向户籍所在地乡镇人民政府(街道办事处)提出书面申请。本人申请有困难的,可以委托村(居)民委员会或者他人代为提出申请。申请材料主要包括本人有效身份证明,劳动能力、生活来源、财产状况以及赡养、抚养、扶养情况的书面声明,承诺所提供信息真实、完整的承诺书,残疾人还应当提供第二代《中华人民共和国残疾证》。申请人应当履行授权核查家庭经济状况的相关手续。

第十一条 乡镇人民政府(街道办事处)、村(居)民委员会应当及时了解掌握辖区内居民的生活情况,发现符合特困人员救助供养条件的,应当告知其救助供养政策,对无民事行为能力等无法自主申请的,应当主动帮助其申请。

第十二条 乡镇人民政府(街道办事处)应当对申请人或者其代理人提交的材料进行审查,材料齐备的,予以受理;材料不齐备的,应当一次性告知申请人或者其代理人补齐所有规定材料。

第四章 审 核

第十三条 乡镇人民政府(街道办事处)应当自受理申请之日起20个工作日内,通过入户调查、邻里访问、信函索证、民主评议、信息核对等方式,对申请人的经济状况、实际生活状况以及赡养、抚养、扶养状况等进行调查核实,并提出审核意见。申请人以及有关单位、组织或者个人应当配合调查,如实提供有关情况。村(居)民委员会应当协助乡镇人民政府(街道办事处)开展调查核实。

第十四条　调查核实过程中,乡镇人民政府(街道办事处)可视情组织民主评议,在村(居)民委员会协助下,对申请人书面声明内容的真实性、完整性及调查核实结果的客观性进行评议。

第十五条　乡镇人民政府(街道办事处)应当将审核意见及时在申请人所在村(社区)公示。公示期为7天。

公示期满无异议的,乡镇人民政府(街道办事处)应当将审核意见连同申请、调查核实、民主评议等相关材料报送县级人民政府民政部门审批。对公示有异议的,乡镇人民政府(街道办事处)应当重新组织调查核实,在20个工作日内提出审核意见,并重新公示。

第五章　审　　批

第十六条　县级人民政府民政部门应当全面审查乡镇人民政府(街道办事处)上报的申请材料、调查材料和审核意见,根据审核意见和公示情况,按照不低于30%的比例随机抽查核实,并在20个工作日内做出审批决定。

第十七条　对符合救助供养条件的申请,县级人民政府民政部门应当及时予以批准,发给《特困人员救助供养证》,建立救助供养档案,从批准之日下月起给予救助供养待遇,并通过乡镇人民政府(街道办事处)在申请人所在村(社区)公布。

第十八条　对不符合救助供养条件的申请,县级人民政府民政部门不予批准,并将理由通过乡镇人民政府(街道办事处)书面告知申请人。

第十九条　城乡特困人员救助供养标准不一致的地区,对于拥有承包土地或者参加农村集体经济收益分配的特困人员,应当给予农村特困人员救助供养待遇。

第六章　生活自理能力评估

第二十条　县级人民政府民政部门应当在乡镇人民政府（街道办事处）、村（居）民委员会协助下，对特困人员生活自理能力进行评估，并根据评估结果，确定特困人员应当享受的照料护理标准档次。有条件的地方，可以委托第三方机构开展特困人员生活自理能力评估。

第二十一条　特困人员生活自理能力，一般依据以下6项指标综合评估：

（一）自主吃饭；

（二）自主穿衣；

（三）自主上下床；

（四）自主如厕；

（五）室内自主行走；

（六）自主洗澡。

第二十二条　根据本办法第二十一条规定内容，特困人员生活自理状况，6项指标全部达到的，可以视为具备生活自理能力；有3项以下（含3项）指标不能达到的，可以视为部分丧失生活自理能力；有4项以上（含4项）指标不能达到的，可以视为完全丧失生活自理能力。

第二十三条　特困人员生活自理能力发生变化的，村（居）民委员会或者供养服务机构应当通过乡镇人民政府（街道办事处）及时报告县级人民政府民政部门，县级人民政府民政部门应当自接到报告之日起10个工作日内组织复核评估，并根据评估结果及时调整特困人员生活自理能力认定类别。

第七章　终止救助供养

第二十四条　特困人员有下列情形之一的，应当及时终止救助供养：

（一）死亡、被宣告失踪或者死亡；

（二）经过康复治疗恢复劳动能力或者年满16周岁且具有劳动能

力;

(三)依法被判处刑罚,且在监狱服刑;

(四)收入和财产状况不再符合本办法第六条规定;

(五)法定义务人具有了履行义务能力或者新增具有履行义务能力的法定义务人。特困人员中的未成年人,满16周岁后仍在接受义务教育或者在普通高中、中等职业学校就读的,可继续享有救助供养待遇。

第二十五条 特困人员不再符合救助供养条件的,本人、村(居)民委员会或者供养服务机构应当及时告知乡镇人民政府(街道办事处),由乡镇人民政府(街道办事处)审核并报县级人民政府民政部门核准。县级人民政府民政部门、乡镇人民政府(街道办事处)在工作中发现特困人员不再符合救助供养条件的,应当及时办理终止救助供养手续。

第二十六条 对拟终止救助供养的特困人员,县级人民政府民政部门应当通过乡镇人民政府(街道办事处),在其所在村(社区)或者供养服务机构公示。公示期为7天。

公示期满无异议的,县级人民政府民政部门应当从下月起终止救助供养,核销《特困人员救助供养证》。对公示有异议的,县级人民政府民政部门应当组织调查核实,在20个工作日内做出是否终止救助供养决定,并重新公示。对决定终止救助供养的,应当通过乡镇人民政府(街道办事处)将终止理由书面告知当事人、村(居)民委员会或者其亲属。

第二十七条 对终止救助供养的原特困人员,符合最低生活保障、医疗救助、临时救助等其他社会救助条件的,应当按规定及时纳入相应救助范围。

第八章 附 则

第二十八条 本办法公布前已经确定为农村五保对象的,可以直接确定为特困人员。

第二十九条 《特困人员救助供养证》由民政部规定式样,由县级以上地方人民政府民政部门制作。

民政部关于贯彻落实新修改的《中华人民共和国老年人权益保障法》的通知

民函〔2019〕1号

各省、自治区、直辖市民政厅（局），各计划单列市民政局，新疆生产建设兵团民政局：

新修改的《中华人民共和国老年人权益保障法》（以下简称《老年人权益保障法》）已由中华人民共和国第十三届全国人民代表大会常务委员会第七次会议于2018年12月29日审议通过，由中华人民共和国主席习近平签署第二十四号主席令公布，自公布之日起施行。此次修改《老年人权益保障法》，是深化养老服务"放管服"改革，推进养老服务发展的关键举措。为做好贯彻落实工作，现就有关事项通知如下。

一、不再实施养老机构设立许可。自新修改的《老年人权益保障法》发布之日起，各级民政部门不再受理养老机构设立许可申请。发布之日前已经受理，尚未完成审批的，应当终止审批，将申请材料退还申请人并做出说明。各级民政部门不得再实施许可或者以其他名目变相审批。已经取得养老机构设立许可证且在有效期的仍然有效，设立许可证有效期届满后，不再换发许可证。

二、依法做好登记和备案管理。县级以上地方人民政府民政部门应当明确内部职责分工，加强与相关部门工作协同和信息共享，不断提高服务便利化水平，逐步实现申请登记养老机构线上"一网通办"、线下"只进一扇门"、现场办理"最多跑一次"，最大限度方便申请人办事。取消养老机构设立许可后，设立民办公益性养老机构，依照《民办非企业单位登记管理暂行条例》规定，依法向县级以上地方人民政府民政部门申请社会服务机构登记。按照"一门、一网、一次"的办理原则,落实首问负责制,县级以上地方人民政府民政部门负责行政审批的窗口统一对外,受理举办者提交的申请材料,并征求养老服务部门的意见。民政部门批准成立登记的民办公益性养老机构,由民政部门承担业务主管单位职责,内部可明确由社会组织登记部门履行养老机构登记管理机关具体职责,养老服务部门履行业务主管单位具体职责。非民政部门(如行政审批局)批准成立登记的民办公益性养老机构、经营性养老机构,民政部门要及时与省级共享平台或者省级部门间数据接口对接,掌握相关信息。

养老机构登记后即可开展服务活动,并应当向民政部门备案,真实、准确、完整地提供备案信息,填写备案书和承诺书,民政部门应当提供备案回执,书面告知养老机构运营基本条件,以及本区域现行养老服务扶持政策措施清单。对于由民政部门承担业务主管单位职责的养老机构,可以相应简化备案手续。养老机构登记事项变更的,应当及时办理备案变更手续。

三、加强养老机构事中事后监管。各地要按照国务院推进简政放权、放管结合、优化服务改革的要求,创新养老机构管理方式,推动建立养老机构综合监管制度。县级以上人民政府民政部门负责养老机构的指导、监督和管理,发现养老机构存在可能危及人身健康和生命财产安全风险的,应当责令限期改正;逾期不改正的,责令停业整顿。属于建筑、消防、食品卫生、医疗服务、特种设备安全风险的,应当及时抄告住房城乡建设、应急管理、市场监管、卫生健康等部门,并积极配合做好后续相关查处工作。情节严重的,应当及时告知登记管理机关,由登记管理机关依法予以行政处罚乃至吊销登记证书。民办公益性养老机构属于捐助性法人,民政部门还应当依据《民办非企业单位登记管理暂行条例》等法规政策规定,认真履行管理职责,防止变更性质。各地要积极探索建立健全养老服务信用评价、守信激励、失信惩戒等信用管理制度。

四、做好法规政策修改和宣传引导。各地民政部门要依照新修改的《老年人权益保障法》规定,推动将修改涉及养老机构许可和管理内容的地方性法规、政府规章纳入立法工作计划,开展相关规范性文件清理工作,及时修订完善建设运营补贴等与许可管理直接相关的配套政策,确保不因行政审批制度改革造成政策断档。各地民政部门要按照"谁执法、谁普法"的要求,及时将法律修改的主要内容、改革措施等,通过政府网站、新闻媒体公布或者在公共场所陈列,方便社会公众特别是养老服务从业人员和广大老年人理解掌握。

民政部将在修改《养老机构管理办法》工作中,进一步明确对养老机构指导、监督和管理的相关规定。各地民政部门在贯彻执行过程中遇到重大问题和情况,请及时报告,以便尽快提出改进措施。文后提供的《设置养老机构备案书》等文书式样,供各地工作中参考使用。

附件:1. 设置养老机构备案书
2. 设置养老机构备案回执
3. 养老机构基本条件告知书
4. 备案承诺书

民政部
2019年1月2日

河南省人民政府关于加快发展养老服务业的意见

豫政〔2014〕24号

各省辖市、省直管县(市)人民政府,省人民政府各部门:

为进一步发挥养老服务业在推动经济发展、促进就业、改善民生中的积极作用,健全我省社会养老服务发展机制,根据《国务院关于加快发展养老服务业的若干意见》(国发〔2013〕35号)精神,结合我省实际,现提出如下意见,请认真贯彻落实。

一、指导思想、总体目标和主要任务

(一)指导思想。以邓小平理论、"三个代表"重要思想和科学发展观为指导,深入贯彻落实党的十八大和十八届二中、三中全会精神,以满足老年人养老服务需求为目标,深化体制改革、坚持保障基本、注重统筹发展、完善市场机制,充分发挥政府主导作用和社会力量主体作用,逐步建立完善以居家为基础、以社区为依托、以机构为支撑、医养相结合的养老服务体系,积极推动投资主体多元化、服务方式多样化、服务队伍专业化、监督管理规范化,使养老服务业在扩大内需、增加就业、促进服务业发展、推动经济转型升级中发挥重要作用。

(二)总体目标。城乡社区居家养老服务体系更加健全。老年人的生活照料、家政服务、医疗康复、文化娱乐、精神慰藉、应急救助等服务全面开展;宜居养老环境明显改善;老龄产业规模显著扩大;养老服务业政策体系建立健全,行业标准科学规范,监管机制更加完善。到2020年,全省养老机构实现平均每千名老年人不少于35张床位。

(三) 主要任务。

1. 健全养老服务政策体系。完善政府供养制度,保障城市"三无"(无劳动能力,无生活来源,无赡养人和扶养人或者其赡养人和扶养人确无赡养和扶养能力)、农村"五保"(保吃、保穿、保住、保医、保葬)老年人基本生活不低于当地平均生活水平。建立政府购买养老服务制度,对经评估符合条件的困难老年人,由当地政府购买居家养老或机构养老服务予以帮助。鼓励有条件的地方建立80岁以上低收入老年人高龄津贴制度和困难失能老年人护理补贴(保险)制度。

2. 加快发展居家养老服务。建立健全县(市、区)、乡镇(街道)、村(社区)三级居家养老服务网络。城市社区要以社区老年人日间照料中心为依托,采取政府购买服务、培育服务机构、招募企事业单位或个人服务商等方式,不断扩大居家养老服务组织规模,引导和鼓励社会中介组织、家政服务企业等社会力量参与居家养老服务,推动信息平台与居家养老服务实体有效结合,为老年人居家养老提供及时、便捷的服务,满足不同层次的养老需求。

3. 加快发展社区养老服务。要依托社区综合服务设施,充分整合资源,按照有关标准加强老年人日间照料中心、托老所等社区养老服务设施建设,创建一批服务设施完善、信息网络健全、管理服务规范的养老服务示范社区。进一步完善社区养老服务功能,提高服务水平,为有需求的老年人提供助餐、助浴、助洁、助急、助医等定制服务。加快实施社区无障碍环境改造。到2020年,符合标准的老年人日间照料中心、老年人活动中心等服务设施覆盖所有城市社区,90%以上的乡镇和60%以上的农村社区建设包括居家养老服务在内的社区综合服务设施和站点。完善现有社区服务中心、社区居家养老服务中心、农村互助幸福院等为老年人服务功能,不断拓展服务项目。支持县(市、区)建立老年人信息档案,开通养老服务热线和居家养老服务呼叫系统。各部门、各单位设在乡镇(街道)和村(社区)的各类具有为老年人服务功能的生活和文化体育设施要向老年人开放,满足老年人需求。

4.加快发展养老服务机构。各地公办养老服务机构要充分发挥托底作用,重点为"三无"老人、低收入老人以及计划生育特殊困难家庭老人、失能半失能老人提供无偿或低收费的供养、护理服务。发展多种形式并存的机构养老服务,重点发展供养型、养护型、医护型养老服务机构,为半失能、失能老年人提供专业化照料服务,并辐射周边社区,发挥示范带动作用,提高社会养老服务业专业化水平。鼓励个人举办家庭化、小型化养老服务机构,鼓励社会力量举办规模化、连锁化养老服务机构,鼓励民间资本对企业厂房、商业设施及其他可利用的社会资源进行整合和改造,用于提供养老服务。开展公办养老服务机构改制试点,政府投资兴办的养老服务机构床位可通过公建民营等方式管理运营。

5.壮大养老服务产业。要按照国家产业发展政策要求,积极引导和鼓励社会民间资本、工商资本、外来资本等以独资、合资、合作等多种形式参与投资老年产业,创新养老模式,开展老年生活服务、医疗康复、托管托养、教育娱乐、食品用品、休闲旅游、信息咨询等服务,不断满足不同老年人的物质和精神消费需求。鼓励发展养老服务中小企业,扶持发展龙头企业,实施品牌战略,形成一批产业链长、覆盖领域广、经济效益显著的产业集群。鼓励和支持金融保险行业为养老服务业提供相关服务。

二、落实加快发展养老服务业的扶持政策

(一)降低门槛,简化手续。社会力量投资建设的养老服务机构项目实行备案制,民政部门不再设置前置审批。为老年人提供集中居住和照料服务的养老服务机构实行许可制。开展其他养老服务或产品研发、生产的机构,属营利性的企业单位到工商部门直接注册登记,属非营利性的民办非企业单位可到民政部门直接注册登记。

(二)加大政策支持力度。

1.制订养老服务业发展规划。各省辖市、县(市、区)要科学研究

制订养老服务业发展规划,纳入社会发展、城乡建设和土地利用总体规划,统筹安排,科学布局。

2.落实养老服务用地政策。各省辖市、县(市)年度用地计划要合理安排养老服务用地需求,并向社会公布。加强社区服务设施建设,要按照人均用地不少于0.1平方米的标准,分区分级规划设置养老服务设施。对新办的非营利性养老服务机构建设用地,符合国家划拨用地条件的,经有批准权的政府批准后,可采取划拨方式优先供地,也可依法使用农民集体所有的土地。对新办的营利性养老服务机构建设用地,明确用地性质,按照国家对营利性用地依法办理有偿用地手续的规定,优先保障供应。乡镇、村公益性养老服务机构的建设用地,经依法批准,可使用集体所有土地。对研发养老服务产品的生产性项目用地,采用与工业项目用地同样的供地方式。新建小区开发建设和旧城改造要将养老服务设施纳入公建配套方案同步规划、同步建设、同步竣工、同步交付使用。城乡规划确定的养老服务设施用地,非经法定程序不得改变用途;严禁将土地使用权和房产权以任何方式变相出售,对违反规定擅自改变土地用途的,民政部门将撤销养老服务机构登记,国土资源部门将依法责令其交回土地。养老服务设施因城市建设需要依法拆迁时,要优先安排同等面积的回迁或异地建设用地。

3.落实养老服务补贴支持政策。省本级及市、县级政府用于社会福利事业的彩票公益金,要确保50%以上的比例用于支持发展养老服务业。政府举办的养老服务机构的基本建设、机构运转、人员经费和机构内集中供养对象的基本生活保障经费,纳入同级财政预算并建立动态保障机制。农村五保供养服务机构管理经费、人员工资和其他相关费用列入县级财政预算并按时拨付。对接收供养城镇"三无"和农村"五保"老人、计划生育特殊困难家庭老人的社会办养老服务机构,通过政府购买服务的方式,对供养对象的基本生活保障经费按政策标准给予足额安排。同时对该类养老服务机构在更新完善设施设备等方面给予补助。对新建、改(扩)建非营利性养老服机构，依据其建设规模（含改扩建）、投资总额、土地租期等指标，由所在地政府给予一定的建设补贴；在运营期间，按照床位数、收养人数及服务对象的类别、入住率、管理服务水平、社会效益等指标，由所在地政府给予一定的运营补贴。具体补贴标准及操作细则由各地根据实际情况确定，所需经费列入同级财政预算。

4.落实养老服务机构税费优惠政策。对养老服务机构提供的育养服务免征营业税，对非营利性养老服务机构自用房产和土地免征房产税、城镇土地使用税和水利建设专项费。各地对非营利性养老服务机构建设要免征有关行政事业性收费，对营利性养老服务机构建设要减半征收有关行政事业性收费。对养老服务机构提供养老服务要适当减免行政事业性收费，其用水、用电、用气、用暖按居民生活类价格执行。对企事业单位、社会团体和个人向非营利性养老机构的捐赠，符合相关规定的，准予在计算其应纳税所得额时按税法规定比例扣除。境内外资本举办养老服务机构享有同等的税收等优惠政策。

5.落实养老服务人才培训和就业政策。引导支持高等院校和职业学校增设养老服务相关专业和课程，扩大人才培养规模。制定优惠政策，鼓励、吸引大中专毕业生从事养老服务工作。将加强养老服务队伍建设与促进社会就业相结合，把养老服务从业人员技能培训纳入城乡就业培训体系，符合条件的人员可按照规定申请享受职业培训补贴。持证上岗的就业困难人员符合条件的，可按照规定享受有关就业扶持政策。养老服务机构要积极改善养老护理人员工作条件，依法缴纳社会保险费，提高养老护理人员的工资待遇。鼓励有条件的地方探索建立养老护理员特殊岗位补助制度。对在养老服务机构就业的专业技术人员，执行与医疗机构、福利机构相同的执业资格、注册考核政策。

6.落实养老服务机构医疗政策。积极推进医养结合，促进医疗卫生资源进入养老服务机构、社区和居民家庭，转变服务模式，主动为失能半失能和独居老人提供上门服务，开设家庭病床。支持有条件的养老服务机构开办医疗机构,开展护理、康复等服务。规模较小的养老服务机构可与周边医院、基层医疗卫生机构合作开展医疗服务,实现医疗资源共享。养老服务机构所办医疗机构已取得执业许可证,并符合申请城镇职工(居民)基本医疗保险和新型农村合作医疗定点医疗机构条件的,经审批可纳入定点范围。进一步优化医疗保险报销程序和结算方式,切实解决老年人异地就医结算问题。探索建立长期护理保障制度。鼓励老年人投保健康保险、长期护理保险、意外伤害保险等人身保险,鼓励和引导商业保险公司开展相关业务。

7.落实养老服务融资政策。坚持政府引导和市场运作相结合,通过贷款贴息、直接融资补贴、融资担保等办法,使更多信贷资金和社会资金投向养老服务业。积极争取保险资金投资养老服务领域,支持保险公司探索开展住房反向抵押养老保险试点。鼓励养老服务机构投保责任保险,保险公司承保责任保险。引导和规范商业银行、保险公司、证券公司等金融机构开发适合老年人的理财、信贷、保险等产品。积极争取国债投资、国债转贷、国贷贴息等资金,支持养老服务设施建设。各地要将国家有关促进服务业发展的金融政策落实到养老服务业,增加养老服务机构及其建设项目信贷投入。金融机构要在符合市场原则的前提下,放宽贷款条件,对养老服务机构及其建设项目积极提供融资便利及实行优惠利率。财政给予非营利性养老服务机构的运营补贴,可用于资助养老服务机构投保养老服务责任保险。鼓励和引导慈善资金投向社会养老服务设施建设,用于实施养老救助项目。

三、健全养老服务业发展的体制机制

(一)加强组织领导。各级政府要高度重视养老服务业发展,把养老工作纳入政府目标管理和绩效考核内容,纳入为民办实事项目,及时研究解决养老服务业发展中遇到的重大问题,并加强督促检查。

要建立政府牵头,财政、发展改革、民政、人力资源社会保障、住房城乡建设、公安、教育、商务、金融、质监、卫生、人口计生、国土资源、工商、税务、食品药品监管、老龄等部门参加的养老服务业发展协调机制,制定落实养老服务业发展规划和政策措施,加强沟通,密切协作,不断改革创新,努力形成加快养老服务业发展的整体合力,建立养老服务业发展长效机制。

(二)加强行业监管。建立健全养老服务准入、退出、监管机制,有关部门要依照职责分工,加强养老服务业监管,加大饮食卫生、消防安全、疾病防治、康复护理、服务价格等监管力度,及时查处侵害老年人人身财产权益的违法行为和安全生产责任事故。积极发挥养老服务行业协会作用,加强行业自律。探索建立养老服务纠纷调处机制,促进养老服务纠纷依法妥善解决,推动养老服务业健康有序发展。

附件:加快我省养老服务业发展重点任务分工

河南省人民政府
2014年3月9日

附件

加快我省养老服务业发展重点任务分工

序号	工作任务	负责部门	时间进度
一、主要任务部分			
1	健全养老服务政策体系。完善政府供养制度,保障城市"三无"、农村"五保"老年人基本生活不低于当地平均生活水平。建立政府购买养老服务制度。鼓励有条件的地方建立80岁以上低收入老年人高龄津贴制度和困难失能老年人护理补贴(保险)制度。	省民政厅、发展改革委、财政厅和各省辖市、省直管县(市)政府	持续实施
2	加快发展居家养老服务。建立健全县(市、区)、乡镇(街道)、村(社区)三级居家养老服务网络。	各省辖市、省直管县(市)政府	持续实施
3	加快发展社区养老服务。依托社区综合服务设施,充分整合资源,创建一批服务设施完善、信息网络健全、管理服务规范的养老服务示范社区。到2020年,符合标准的老年人日间照料中心、老年人活动中心等服务设施覆盖所有城市社区,90％以上的乡镇和60％以上的农村社区建设包括居家养老服务在内的社区综合服务设施和站点。	省民政厅会同有关部门和各省辖市、省直管县(市)政府	持续实施
4	加快发展养老服务机构。公办养老机构要充分发挥托底作用。重点发展供养型、养护型、医护型养老服务机构。鼓励个人举办家庭化、小型化养老服务机构,鼓励社会力量举办规模化、连锁化养老服务机构,鼓励民间资本对可利用的社会资源进行整合和改造,用于提供养老服务。	省民政厅会同有关部门和各省辖市、省直管县(市)政府	持续实施

续表

序号	工作任务	负责部门	时间进度
5	壮大养老服务产业。积极引导和鼓励社会民间资本、工商资本、外来资本等以独资、合资、合作等多种形式参与投资老年产业,创新养老模式。鼓励发展养老服务中心企业,扶持发展龙头企业,实施品牌战略,形成一批产业链长、覆盖领域广、经济效益显著的产业集群。	省发展改革委、商务厅、民政厅、工业和信息化厅、省政府国资委、省人力资源社会保障厅和各省辖市、省直管县(市)政府	持续实施
二、落实扶持政策部分			
6	降低门槛,简化手续。社会力量投资建设的养老服务机构项目实行备案制,民政部门不再设置前置审批。为老年人提供集中居住和照料服务的养老服务机构实行许可制。开展其他养老服务或产品研发、生产的机构,属营利性的企业单位到工商部门直接注册登记,属非营利性的民办非企业单位可到民政部门直接注册登记。	省发展改革委、民政厅、工商局和各省辖市、直管县(市)政府	持续实施
7	各省辖市、县(市、区)要科学研究制订养老服务业发展规划,纳入社会发展、城乡建设和土地利用总体规划。	各省辖市、各直管县(市)政府	持续实施
8	加强社区服务类设施建设,按照人均用地不少于0.1平方米的标准,分区分级规划设置养老服务设施。新建小区开发建设和旧城改造要将养老服务设施纳入公建配套方案同步规划、同步建设、同步竣工、同步交付使用。	省住房城乡建设厅、国土资源厅、民政厅和各省辖市、省直管县(市)政府	2014年6月底前出台具体措施

续表

序号	工作任务	负责部门	时间进度
9	落实养老服务用地政策。各省辖市、县（市）年度用地计划要合理安排养老服务用地需求，并向社会公布。对新办的非营利性养老服务机构建设用地，符合国家划拨用地条件的，经有批准权的政府批准后，可采取划拨方式优先供地。对新办的营利性养老服务机构建设用地，明确用地性质，按照国家依法办有偿用地手续的规定，优先保障供应。	省国土资源厅、农业厅、民政厅和各省辖市、省直管县（市）政府	国家政策出台后3个月内制定具体措施
10	省本级及市、县级政府用于社会福利事业的彩票公益金，确保50%以上用于支持养老服务业。	省民政厅、财政厅和各省辖市、各直管县（市）政府	持续实施
11	政府举办的养老服务机构基本建设、机构运转、人员经费和机构内集中供养对象的基本生活保障经费，纳入同级财政预算并建立动态保障机制。农村五保供养服务机构管理经费、人员工资和其他相关费用列入县级财政预算并按时拨付。	各省辖市、各直管县（市）政府	持续实施
12	研究制定政府向社会购买养老服务的政策措施。	省财政厅、发展改革委、民政厅	2014年8月底前出台具体措施
13	对养老机构提供的育养服务免征营业税，对非营利性养老机构自用房产和土地免征房产税、城镇土地使用税和水利建设专项费。对企事业单位、社会团体和个人向非营利性养老机构的捐赠，符合相关规定的，准予在计算其应纳税所得额时按税法规定比例扣除。	省财政厅、地税局	持续实施

续表

序号	工作任务	负责部门	时间进度
14	对非营利性养老机构建设要免征有关行政事业性收费,对营利性养老机构建设要减半征收有关行政事业性收费。对养老机构提供养老服务要适当减免行政事业性收费。	省财政厅、发展改革委、民政厅、国税局	持续实施
15	养老机构用电、用水、用气、用热按居民生活类价格执行。	省发展改革委和各省辖市、省直管县(市)政府	持续实施
16	境内外资本举办养老机构享有同等的税收等优惠政策。	省财政厅、国税局、地税局、商务厅、民政厅	持续实施
17	引导支持高等院校和职业学校增设养老服务相关专业和课程,扩大人才培养规模,制定优惠政策,鼓励、吸引大中专毕业生从事养老服务工作。	省教育厅、人力资源社会保障厅、卫生厅、人口计生委、民政厅	2014年8月底前出台具体措施
18	将加强养老服务队伍建设与促进社会就业相结合,把养老服务从业人员技能培训纳入城乡就业培训体系,符合条件的人员可按规定申请享受职业培训补贴。鼓励有条件的地方探索建立养老护理员特殊岗位补助制度。	省人力资源社会保障厅、财政厅、民政厅和各省辖市、各直管县(市)政府	2014年8月底前出台具体措施
19	对在养老机构就业的专业技术人员,执行与医疗机构、福利机构相同的执业资格、注册考核政策。	省人力资源社会保障厅、卫生厅、人口计生委、民政厅	2014年8月底前启动实施
20	积极推进医养结合,促进医疗卫生资源进入养老服务机构、社区和居民家庭,转变服务模式,主动为失能半失能和独居老人提供上门服务,开设家庭病床。支持有条件的养老服务机构开办医疗机构,开展护理、康复等服务。	省卫生厅、人口计生委、民政厅和各省辖市、各直管县(市)政府	2014年8月底前出台具体措施

续表

序号	工作任务	负责部门	时间进度
21	养老服务机构所办医疗机构已取得执业许可证,并符合申请城镇工(居民)基本医疗保险和新型农村合作医疗定点条件的,经审批可纳入定点范围。进一步优化医疗保险报销程序和结算方式,切实解决老年人异地就医结算问题。	省人力资源社会保障厅、卫生厅、人口计生委	持续实施
22	坚持政府引导和市场运作相结合,通过贷款贴息、直接融资补贴、融资担保等办法,使更多的信贷资金和社会资金投向养老服务业。	河南银监局、人行郑州中心支行、省政府金融办、省财政厅、民政厅	国家政策出台后3个月内出台具体措施
三、健全体制机制部分			
23	各级政府要高度重视养老服务业发展,把养老工作纳入政府目标管理和绩效考核内容,纳入为民办实事项目。	省辖市、省直管县(市)政府	意见下发后启动实施
24	加强督促检查。	省政府督查室、省发展改革委、民政厅	逐年落实

注:本表中"负责部门"栏内排第一位的是本项任务的牵头单位。

河南省财政厅　河南省发展和改革委员会
河南省民政厅　河南省老龄工作委员会办公室
关于做好政府购买养老服务工作的指导意见

各省辖市财政局、发展改革委、民政局、老龄办,有关县(市)财政局、发展改革委、民政局、老龄办:

　　为贯彻落实《国务院关于加快发展养老服务业的若干意见》(国发〔2013〕35号)、《河南省人民政府关于加快发展养老服务业的意见》(豫政〔2014〕24号)和《河南省政府办公厅关于推进政府向社会力量购买服务工作的实施意见》(豫政办〔2014〕168号)精神,根据《财政部 国家发展改革委 民政部 全国老龄工作委员会办公室关于做好政府购买养老服务工作的通知》(财社〔2014〕105号)要求,加快推进我省政府购买养老服务工作,结合我省实际,提出如下指导意见。

一、基本原则

　　(一)坚持需求导向,注重创新机制。以老年人基本养老服务需求为导向,重点安排与老年人生活照料、康复护理等密切相关的项目,优先保障经济困难的孤寡、失能、高龄等老年人的服务需求,加大对基层和农村养老服务的支持,并逐步拓展服务领域和范围。

　　(二)坚持政府引导,培育市场主体。政府要加强对购买养老服务的组织领导,充分发挥市场配置资源的决定性作用,将推动政府购买养老服务与逐步使社会力量成为发展养老服务业的主体相结合,按照公开、公平、公正原则,坚持费随事转,通过竞争择优的方式选择承接主体,确保具备条件的社会力量平等参与竞争。

　　(三)坚持规范操作,注重绩效评估。明确各方责任、权利和义务,建立以项目申报、项目评审、资质审核、组织采购、合同签订、项目监管、绩效评估等内容的规范化购买流程。加强绩效管理,建立评估机制和动态调整机制,降低成本,提高效率,增强政府购买养老服务的针对性和有效性。

(四)坚持体制创新,完善政策体系。要做好相关政策的完善和相互衔接,推进政事分开、政社分开,坚持与事业单位改革相衔接,推进管办分离,放开市场准入。凡社会能够提供的养老服务,尽可能交给社会力量承担。要及时总结行之有效的管理办法和政策措施,尽快形成各方衔接配套、操作性强的政府购买养老服务政策体系。

二、购买主体

政府购买养老服务的主体是承担养老服务的各级行政机关和参照公务员法管理、具有行政管理职能的事业单位。纳入行政编制管理且经费由财政负担的群团组织,也可根据实际需要,通过购买服务方式提供养老服务。

三、承接主体

承接政府购买养老服务的单位,应是依法在民政部门登记成立的社会组织或依法在工商管理部门登记成立的企业、机构等社会力量,具有独立承担民事责任的能力,具备提供养老服务所必需的设施、人员和专业技术的能力,具有健全的内部管理和监督制度、财务会计制度和资产管理制度,具有良好的社会和商业信誉,具有依法缴纳税收和社会保险的良好记录,参加政府采购活动前三年内,在经营活动中没有重大违法记录。承接集中供养困难老年人的养老服务机构,应是经有关部门评定的示范性养老服务机构,老年人居住的房屋应符合《老年人建筑设计规范》,为老年人提供的各项服务应符合《养老服务机构服务质量规范》要求。

四、购买内容

政府购买养老服务内容应突出公共性和公益性,按照量力而行、尽力而为、可持续的原则确定。各市县要全面梳理现行由财政支出安排的各类养老服务项目,凡适合市场化方式提供、社会力量能够承担的,应按照转变政府职能要求,通过政府购买服务方式提供方便可及、价格合理的养老服务。要根据养老服务的性质、对象、特点和地方实际情况,重点选取生活照料、康复护理和养老服务人员培养等方面开展政府购买服务工作。

(一)在购买居家养老服务方面,主要包括为符合政府资助条件的老年人购买助餐、助浴、助洁、助急、助医、护理等上门服务,以及养老服务网络信息建设;

(二)在购买社区养老服务方面,主要包括为老年人购买社区日间照料、老年康复文体活动等服务;

(三)在购买机构养老服务方面,主要为"三无"(无劳动能力,无生活来源,无赡养人和扶养人或者其赡养人和扶养人确无赡养和扶养能力)老人、低收入老人、经济困难的失能半失能老人、计划生育困难家庭老年人购买机构供养、护理服务;

(四)在购买养老服务人员培养方面,主要包括为养老护理人员购买职业培训、职业教育和继续教育等;

(五)在养老评估方面,主要包括老年人能力评估和服务需求评估的组织实施、养老服务评价等。

各市县应结合本地经济社会发展水平、财政承受能力和老年人基本养老服务需求,科学合理制定政府购买养老服务项目目录,明确服务种类、性质、内容,并根据实际工作开展情况,及时进行修改调整。对不属于政府职责内的服务项目,政府不得向社会力量购买。

五、购买程序

政购购买养老服务原则上按照部门预算和政府采购的程序、方式等有关要求组织实施。购买主体应结合自身职能和业务需要。合理确定购买内容、服务项目、价格、目标和评价标准等，编报政府购买养老服务预算，经财政部门审核后确定。

购买主体要按照政府采购等有关规定，采取公开招标、邀请招标、竞争性谈判、竞争性磋商、单一来源等方式确定承接主体。不宜实行政府采购的，积极探索定额补助、以奖代补等承接方式。对具有特殊性、不符合竞争性条件的，可以采取委托、雇佣等承包方式确定承接主体。购买主体应与承接主体及时签订购养养老服务合同，明确双方责任、义务等相关内容。

购买主体应对服务成果进行检查验收，并按照项目进度和合同约定支付资金。承接主体应严格履行合同义务，严禁转包行为，按时完成服务项目任务，保证服务数量、质量和效果。

六、资金保障

政府购买养老服务资金在现有养老支出预算安排中统筹考虑。对于新增的养老服务内容，市县财政要在科学测算养老服务项目和补助标准基础上，列入同级财政预算。政府购买养老服务所需资金应根据购买服务合同确立的付费方式和时间要求，按照现有政府采购和国库集中支付有关规定拨付资金，确保规范管理和安全使用。

七、工作要求

（一）加强组织领导。推进政府购买养老服务工作，事关困难老年人晚年生活，是保障和改善民生的一项重要工作。各市县要把这项工作列入重要议事日程,加强统筹协调,立足当地实际认真制定并逐步完善政府购买养老服务的措施和实施办法。市县财政和民政部门要加强对政府购买养老服务的指导和监督,总结推广成功经验,积极推动相关制度法规建设。

（二）健全监管机制。各市县要加强政府购买养老服务的监督管理,完善监管体系,严格遵守相关财政财务管理规定,确保政府购买养老服务资金规范管理和使用,防止截留、挪用和滞留资金。购买主体要严格按照政府购买服务的操作规程,公平、公正、公开选择承接主体,建立健全内部监督管理制度,按规定公开购买养老服务相关信息,自觉接受社会监督。承接主体应当健全财务制度,严格按照服务合同履行服务任务,保障服务数量、质量和效果。服务完成后,购买主体应委托第三方独立审计机构对金额较大、服务对象较多的项目进行审计,并出具审计报告。

（三）加强绩效评价。各市县要建立健全由购买主体、养老对象以及第三方组成的综合评审机制,加强购买养老服务项目绩效评价。绩效评价结果要向社会公布,并作为政府选择购买养老服务承接主体、编制以后年度政府购买养老服务项目预算的重要参考依据,建立承接主体的动态调整机制。

河南省财政厅　河南省发展和改革委员会
河南省民政厅　河南省老龄工作委员会办公室
2015 年 12 月 17 日

××市(县)人民政府
关于加快社会养老服务体系建设的意见

各乡、镇人民政府,市(县)政府各部门:

为积极应对人口老龄化的严峻挑战,切实满足老年人养老服务需求,按照《××省人民政府关于加快推进社会养老服务体系建设的意见》和《××市人民政府关于加快社会养老服务体系建设的意见》精神和相关要求,结合我市(县)实际,现就加快发展社会养老服务体系建设提出如下意见。

一、指导思想和基本原则

(一)指导思想

以习近平新时代中国特色社会主义思想为指导,深入学习贯彻党的十九大精神,坚持"党政主导、社会参与、全民关怀"的老龄工作方针,以提高老年人生活质量为出发点,逐步建立和完善以居家养老为基础、社区服务为依托、机构养老为补充,资金保障与服务提供相匹配的社会养老服务体系。

(二)基本原则

1.服务对象公众化。以面向全社会老年人为发展宗旨,不断满足老年人服务需求,提高老年人的生活质量。

2.服务方式多样化。大力发展住养、医疗康复、文化娱乐、精神慰藉等多种服务项目,实行有偿、低偿及无偿服务,满足不同层次、不同类型老年人的需求。

3.服务队伍专业化。推进规范的职业技能培训,提高养老服务从业人员的道德、服务意识和业务技术水平。

4.投资主体多元化。在保证政府投入的同时,鼓励社会各方面力量参与老年福利事业,拓展社会福利机构建设的投资渠道。

5.运作机制市场化。鼓励非政府组织和个人参与养老福利机构的运营管理,实行自主经营、自负盈亏、自我发展。

6.城乡发展一体化。统筹城乡养老服务事业发展,促进社会公平。

二、主要任务

(一)拓展居家养老。按照"有统一名称、服务场地、服务制度、服务队伍、人员职责"的要求,在城市街道、社区建设集托养、日间照料、居家养老服务等多功能为一体的综合性养老服务站点,逐步建立志愿者公益服务、政府购买服务和市场化有偿服务相结合的居家养老服务体系,为居家老人提供家政、生活照料、康复护理、文体娱乐和精神慰藉等服务。

(二)推进社区养老。加强社区服务设施建设,整合社区服务资源,按照就近就便、小型多样、功能配套的要求,建设和改造一批托老所、日间照料中心等设施,发展日托养老模式;新建小区的养老服务设施要与小区同规划、同建设、同交付、同使用,没有养老服务设施的已建小区,要逐步补建或利用闲置设施改建;在社区普遍建立数字网络服务系统、养老服务热线、紧急救援系统、养老服务信息平台,城市社区达到基本覆盖,农村社区达到半数以上覆盖。

(三)发展机构养老。积极引导和支持社会力量兴办养老机构,采取公建民营、民办公助、政府补贴、购买服务等多种方式兴建适宜老年人集中居住、生活、康复、临终关怀的养老服务机构,鼓励社会资本以独资、合资、合作、联营、参股等方式参与养老服务业,接受安置政府供养对象,政府按照规定标准拨付相关生活、医疗、照料等费用。全县至少建有一所示范性的养老服务机构。同时,注意加强乡(镇)敬老院建设和少数民族群众养老服务机构建设。

（四）建设养老队伍。组织开展养老服务从业人员培训，培养和引进中高级专业人才，提高职业道德、服务意识和业务水平，制定和完善养老服务体系的行业规范和质量标准；实行养老机构院长岗前培训和养老护理员持证上岗制度，到××年，养老机构内养老护理员与失能老人的比例不低于1∶4，与半自理老人的比例不低于1∶1.5，与自理老人的比例不低于1∶10，养老护理员持证上岗率达到100%；逐步提高养老服务从业人员工资福利待遇，鼓励养老服务机构吸纳就业困难群体和具有医护专业知识的人才从事养老服务；大力开展养老服务志愿活动，规范志愿者培训，实行志愿者注册制度，逐步实现志愿活动的制度化、规范化、常态化。同时，在养老服务领域率先培养和使用一批高素质的社会工作者，充分发挥其在养老服务中的积极作用，形成专业人员引领志愿者的联动工作机制。

（五）强化养老服务。加强养老服务信息化综合平台建设，建立全县养老服务机构信息管理系统。建成市（县）、乡（镇）、村（社区）三级"12349"养老服务呼叫网络平台；对80岁以上高龄老人实行补贴制度，80岁至89岁老人每人每月补助××元，90岁至99岁老人每人每月补助××元，100岁以上老人每人每月补助××元，所需资金由市（县）财政负担；积极探索城镇"三无"老人供养制度。

三、保障措施

（一）科学制定发展规划。各乡镇、各有关部门要紧密结合本地实际，科学研究制定社会养老服务体系建设规划，并将其纳入社会发展总体规划和社区建设总体规划。在棚户区改造、旧城改造和新建小区开发中，必须按照《城市居住区规划设计规范》等规定，将养老服务设施同步规划、同步建设、同步交付使用。没有养老服务设施的小区，要逐步补建或利用闲置设施改建。

（二）建立公平、平等、规范的养老服务业准入制度。各类养老服务机构的筹办、成立均要由县民政部门审批,并按规定到登记机关办理登记手续。在审批过程中,涉及相关部门出具手续的,要提供方便,尽快办理。民间资本举办的非营利性养老机构或服务设施提供的养老服务,其价格实行政府指导价。营利性养老服务机构提供的服务,根据其提供的服务质量,实行企业自主定价。指导民间资本举办的养老机构或服务设施加强管理服务,健全规章制度,落实安全责任,实现安全、健康、有序发展。各类养老服务机构要依法规范运行,接受民政、住建、卫生、消防、工商等部门的监督管理。对于养老机构运行中出现的违法违规问题,由有关部门视情况予以警告、罚款、撤销养老服务机构设置证书和登记证书,并在媒体曝光。

(三)优先保障建设用地。对非营利性养老服务机构建设用地,按照有关法律、法规规定可以行政划拨方式供地;对营利性养老服务机构建设用地要通过公开出让方式供地。非营利性养老服务机构不得擅自改变土地用途,如需改变,应依法办理用地手续,并补缴土地有偿使用费。经有关部门批准,养老服务机构建设应缴的城市市政基础设施配套费可以免征。有关部门对用地要按照相关规定加快审批,加强监督,确保批准用地真正用于养老事业。

(四)完善落实优惠政策。认真落实国家对养老服务机构的税费扶持政策。经有关部门批准,免征非营利性养老服务机构的企业所得税,免征养老服务收入的营业税以及养老服务机构自用房产、土地的房产税、城镇土地使用税和水利建设专项费等;对非营利性养老服务机构可在达标排放污染物的情况下免缴排污费,减免其行政事业性收费(法律另有规定的除外)。政府主办和特许经营的供水、供电、供气、供暖、通信、有线(数字)电视等经营单位,要为非营利性养老服务机构提供优质服务和收费优惠。其中用水、用电、供暖、用气(燃料)等价格与居民用户同价,并免收相应的配套费;免收养老服务机构有线(数字)电视、宽带互联网一次性接入费。企事业单位、社会团体和个人等社会力量通过公益性社会团体或县级以上政府及其部门向非营利性养老服务机构的捐赠,在缴纳企业所得税和个人所得税前按照税法规定予以扣除。

支持社会办养老服务机构申办涵盖老年护理、康复及临终关怀等专业的医疗机构,设置医疗机构应符合当地《医疗机构设置规划》和卫生部门制定的《医疗机构基本标准》。允许在职医护人员到养老服务机构所属的医疗机构开展多点执业。养老服务机构所办的医疗服务机构已取得《医疗机构执业许可证》,符合定点医疗机构资格条件的,可纳入城乡医疗保障定点医疗机构范围。养老服务机构收养人员中的基本医疗保险参保人员,在定点的养老服务机构所办的医疗机构就医所产生的医疗费用,按照基本医疗保险的规定支付。

对养老服务机构和居家养老服务组织的从业人员,由人力资源社会保障部门纳入相关职业技能培训范围并享受相关培训补贴政策。对在养老服务机构从事养老护理工作的"4050"等就业困难人员,可纳入政府公益性岗位政策扶持补贴范围。鼓励失业人员创办养老院、社区托老站等。对持《就业失业登记证》的人员开办养老服务机构的,经有关部门批准,免收管理类、登记类、证照类等各项行政事业性收费;自筹资金不足的,可申请小额担保贷款。

依法明确和规范养老服务机构与服务对象的权利与义务,鼓励商业保险企业对养老服务机构设立意外责任险,建立风险分担机制,降低养老服务机构运营风险。

(五)加大资金扶持力度。要加大对社会办养老服务机构的财政扶持力度,大力支持养老服务机构发展,对取得《养老机构设立许可证书》或在民政部门备案的社会办养老服务机构,市(县)财政给予建设补贴、床位运营补贴。

1. 建设补贴。全市(县)新建的社会办养老服务机构,经县民政部门检查验收达标后,按照核定的床位数县财政给予建设补贴:自建用房的每张床位补贴××元(分××年,每年每张床位××元);改建房屋新增床位按每张床位××元标准补贴(分××年,前两年每年每张床位补贴××元,第三年补贴××元);租赁房屋新增床位按每张床位××元标准补贴(分××年,每张床位每年补贴××元),接受补贴的社会办养老服务机构××年内改变用途的,由民政部门收回已发放的建设补贴及利息。

2.床位运营补贴。由民政部门制定达标细则,对全市(县)社会办养老服务机构的服务设施、服务内容、服务质量、服务对象满意度等进行达标评定。经评定达标的,根据入住的拥有本地户籍的老年人数量(至少入住3个月),按每人每月××元的标准给予床位运营补贴。

(六)建立经费保障机制。各级政府要按老年人口规模安排老龄事业发展专项经费,列入年度财政预算,并随着财政收入的增长而增加。市(县)财政按照本辖区60岁以上老年人口数量,以每人每年1元的标准拨付老龄工作经费,用于全市(县)养老服务信息系统建设;监管、评比、奖励养老服务机构和老年维权;养老机构从业人员的相关职业技术培训和资格认证;组织全市(县)老年人开展教育、体育、文化娱乐活动,每年重阳节庆祝、春节走访慰问及老龄工作新情况、新问题的调查研究等。

四、工作要求

(一)加强组织领导。市(县)乡两级要加强对养老服务业的组织领导,将养老服务业的发展列入议事日程。进一步强化政府公共服务职能,制定实施计划,出台相关政策,采取有力措施,积极协调推进。市(县)老龄工作委员会统一领导、规划全市(县)养老服务业的发展,市(县)老龄工作委员会办公室负责具体日常工作。市(县)老龄工作委员会各成员单位要切实履行职责,积极支持养老服务业的发展。

(二)落实部门责任。各有关部门要认真履行职责,加强协调,搞好配合,积极推进养老服务体系建设。发展改革部门要将养老服务体系建设列入国民经济和社会发展规划,及时办理养老服务基础设施建设项目审批手续,组织开展重大养老服务项目的论证、筛选和推进工作。民政部门要进一步推动公办示范性养老服务机构建设,完善养老服务体系设施建设以及分类管理的政策和措施,加强对各类养老服务机构的监督管理、行业规范和业务指导,积极开展养老服务示范活动。

财政部门要将养老服务经费纳入预算,并加强对资金使用情况的监管。人力资源社会保障部门要及时将符合条件的养老服务医疗机构纳入医疗保障定点医疗机构范围;加强养老服务人员职业技能培训与鉴定,落实公益性岗位有关政策,做好有关养老保障工作。卫生部门要加强对养老服务机构开展医疗服务的支持和指导,积极探索医养结合的新路子,不断拓展社区养老卫生服务范围。住房城乡建设部门要按照国家有关规定将养老服务机构建设纳入城乡公共设施建设规划,统一规划、同步实施。国土资源部门要优先安排养老服务机构建设用地计划指标。人行、保监部门要积极协调引导金融、保险机构支持养老服务体系建设,协调解决兴办养老服务机构的信贷、保险相关问题。金融机构要支持社会资本投入老年社会福利事业,增加对养老服务机构及其建设项目的信贷投入,适当放宽贷款条件,简化手续,并提供优惠利率。教育部门要重视养老护理人才培养、培训工作,高等院校和科研机构要积极开展养老服务社会化、产业化的综合研究。税务部门要落实养老服务的各种税收优惠政策。

(三)进一步规范行业管理。市(县)民政部门要加强养老服务机构的管理,依据民政部下发的老年人建筑设计规范、老年人社会福利机构基本规范、养老护理员国家职业标准制定出台星级评定、资格认证、年度检验等各项标准和管理制度,做到管理有办法,检查监督有标准依据。建立健全居家养老服务评估、评审制度,构建服务质量监控体系,确保老年人得到满意的服务。

年　　月　　日

××市(县)特困人员救助供养实施细则

第一章 总 则

第一条 为进一步做好特困人员供养工作,切实保障特困人员对象的正常生活,根据《社会救助暂行办法》(国务院令第649号)、《农村五保供养人员供养工作条例》(国务院令第456号)、《国务院关于进一步健全特困人员救助供养制度的意见》(国发〔2016〕14号)、《民政部关于印发〈特困人员认定办法〉的通知》(民发〔2016〕178号)、《××省人民政府关于印发××省特困人员救助供养办法的通知》和《××市(县)人民政府办公室关于印发××市(县)特困人员救助供养办法的通知》等文件精神,结合我县实际,制定本细则。

第二条 整合农村五保供养制度和城市"三无"人员救助制度,建立城乡统筹、政策衔接、运行规范、与经济社会发展水平相适应的特困人员救助供养制度,将符合条件的特困人员全部纳入救助供养范围,切实维护他们的基本生活权益。

第三条 特困人员救助供养工作坚持托底供养、应救尽救,应养尽养;属地管理,分级负责;严格规范,高效便民;城乡统筹、适度保障原则。

第四条 加强对特困人员救助供养工作的组织领导,把特困人员救助供养工作纳入当地经济社会发展总体规划,建立健全政府领导、民政牵头、部门配合、社会参与的工作机制,切实担负资金投入、工作条件保障和监督检查责任。

乡镇人民政府(街道办事处)负责组织实施本行政区域内特困人员的审核、上报、供养工作。乡镇长、街道办事处主任是特困人员救助供养第一责任人,负责本行政区域内的特困人员救助供养工作。

村(居)民委员会协助乡镇人民政府(街道办事处)做好特困人员的申请受理、民主评议、公示、上报和日常生活照料工作。

第五条 民政部门要履行主管部门职责,充分发挥统筹协调作用,重点加强特困人员救助供养工作日常管理、能力建设,推动相关标准体系完善和信息化建设,提升管理服务水平。机构编制部门负责做好符合条件的特困人员供养服务机构的事业单位法人登记工作;发展改革部门负责将特困人员救助供养纳入相关专项规划,支持供养服务设施建设;财政部门负责做好资金保障工作;卫生计生、教育、消防、住房城乡建设、人力资源社会保障等部门依据职责分工,积极做好特困人员救助供养相关工作,实现社会救助信息互联互通、资源共享,形成齐抓共管、整体推进的工作格局。

第六条 加强对特困人员救助供养等社会救助工作的绩效评价,并将结果送达组织部门,作为对政府领导班子和有关领导干部综合考核评价的重要参考。

第二章 认定条件

第七条 城乡老年人、残疾人以及未满16周岁的未成年人,同时具备以下条件的,应当依法纳入特困人员救助供养范围。

(一)无劳动能力。

(二)无生活来源。

(三)无法定赡养、抚养、扶养义务人或者其法定义务人无履行义务能力。

第八条 符合下列情形之一的,应当认定为本细则所称的无劳动能力。

(一)60周岁以上的老年人。

(二)未满16周岁的未成年人。

(三)残疾等级为一、二级的智力、精神残疾人,残疾等级为一级的肢体残疾人。

(四)市(县)人民政府规定的其他情形。

第九条 收入总和低于最低生活保障标准，且财产符合特困人员家庭财产状况规定的，应当认定为本细则所称的无生活来源。

前款所称收入包括工资性收入、经营净收入、财产净收入、转移净收入等各类收入。

（一）工资性收入。指因任职或者受雇而取得的工资、薪金、奖金、劳动分红、津贴、补贴以及与任职或者受雇有关的其他所得等。

（二）经营净收入。指从事生产、经营及有偿服务活动所得。包括从事种植、养殖、采集及加工等农林牧渔业的生产收入，从事工业、建筑业、手工业、交通运输业、批发和零售贸易业、餐饮业、文教卫生业和社会服务业等经营及有偿服务活动的收入等。

（三）财产净收入。包括动产和不动产收入。动产收入是指出让无形资产、储蓄存款利息、有价证券红利、储蓄性保险投资以及其他股息和红利等收入。不动产收入是指转租承包土地经营权、出租或出让房产以及其他不动产收入等。

（四）转移净收入。指国家、单位、社会团体对居民家庭的各种转移支付和居民家庭间的收入转移。包括赡养费、抚养费、扶养费，离退休金、失业保险金、社会救济金、遗属补助金、赔偿收入、接受遗产收入、接受捐赠收入等。

（五）其他应当计入家庭收入的项目。

具体认定办法按照《××市（县）城乡低保家庭贫困状况综合评定办法》执行。

第十条 以下收入不计入家庭收入。

（一）优抚对象领取的各类抚恤金、补助费、护理费、保健金，义务兵家属优待金，退役士兵一次性经济补助金。

（二）因公（工）负伤人员的工伤医疗费、护理费、一次性伤残补助金、残疾辅助器具费、因公（工）死亡人员的丧葬费及死亡后的一次性抚恤费。

（三）在校学生获得的奖学金、助学金、生活补助、困难补助等。

（四）政府及有关单位颁发劳动模范荣誉津贴、见义勇为奖金、独生子女费、计划生育政策奖励扶助金。

（五）基本医疗保险报销费用，医疗救助资金，政府和社会组织给予的临时性救助财物。

（六）城乡居民基本养老保险中的基础养老金、基本医疗保险等社会保险和高龄津贴等社会福利补贴。

（七）市（县）人民政府确定的其他不应计入家庭收入的项目。

第十一条 特困人员财产是指家庭成员拥有的全部动产和不动产。主要包括现金、存款以及有价证券、机动船舶、车辆（残疾人功能性补偿代步机动车辆除外）、房屋、债权、股份，作为投保人购买的分红保险、万能保险、投资联结保险合同的现金价值，著作权、专利权、知识产权等无形资产，其他应计入家庭财产的项目。

家庭财产具有下列情形之一的，不得认定为特困人员。

（一）拥有并经常使用机动（电动）车辆（包括家庭轿车、农用汽车、客车、货车、出租车、工程机械、大中型农机具）的。

（二）拥有两套及以上产权住房的。

（三）兴建、购买非居住用房或高标准装修住房的。

（四）出租商业门面房、店铺的。

（五）有股票、证券或者其他风险性投资行为且数额较大的。

（六）雇佣他人从事经营性活动的。

（七）拥有黄金、首饰、收藏品等高价物品的总价值较大的。

（八）家庭财产无法核实但实际生活水平明显高于当地居民的。

（九）购买使用高档非生活必需品或进行高消费的。

（十）市（县）人民政府规定的不能享受特困人员救助供养待遇的其他情形。

第十二条 法定义务人符合下列情形之一的，应当认定为本办法所称的无履行义务能力。

（一）具备特困人员条件的。

（二）60周岁以上或者重度残疾的最低生活保障对象，且财产符合特困人员财产状况规定的。

（三）无民事行为能力、被宣告失踪或者在监狱服刑的人员，且财产符合特困人员财产状况规定的。

（四）市（县）人民政府规定的其他情形。

第十三条　未满16周岁的未成年人同时符合特困人员救助供养条件和孤儿认定条件的，应当纳入孤儿基本生活保障范围，不再认定为特困人员。

第十四条　市（县）人民政府应当统筹特困人员救助供养制度与城乡居民基本养老保险、基本医疗保障、最低生活保障、孤儿基本生活保障、社会福利等制度的有效衔接。符合相关条件的特困人员，可同时享受城乡居民基本养老保险、基本医疗保险等社会保险和高龄津贴等社会福利待遇。纳入特困人员救助供养范围的，不再适用最低生活保障政策。纳入特困人员救助供养范围的残疾人，不再享受困难残疾人生活补贴和重度残疾人护理补贴。

第十五条　本细则公布前已经确定为农村五保对象和城市"三无"人员的，经排查认定可直接纳入特困人员救助供养。

第三章　办理程序

第十六条　申请。申请特困人员救助供养，由本人向户籍所在地的乡镇人民政府（街道办事处）提出书面申请，本人申请有困难的，可以委托村（居）民委员会或者他人代为提出申请。

申请材料主要包括本人有效身份证明、劳动能力、生活来源、财产状况以及赡养、抚养、扶养情况的书面声明，承诺所提供信息真实、完整的承诺书，残疾人还应当提供第二代《中华人民共和国残疾证》及民政部门需要提供的其他材料。申请人还应当履行授权核查家庭经济状况的相关手续。

乡镇人民政府（街道办事处）应当对申请人或者其代理人提交的材料进行审查，材料齐备的，予以受理；材料不齐备的，应当一次性告知申请人或者其代理人补齐所有规定材料。乡镇人民政府（街道办事处）以及村（居）民委员会应当及时了解掌握本辖区村（居）民的生活情况，发现符合特困人员救助供养条件的人员,应当主动为其依法办理救助供养。

第十七条 审核。乡镇人民政府(街道办事处)应当通过入户调查、邻里访问、信函索证、群众评议、信息核查等方式,对申请人的收入状况、财产状况以及其他证明材料等进行调查核实,于20个工作日内提出初审意见,在申请人所在村(社区)公示不少于7天,公示无异议后,报市(县)人民政府民政部门审批。对公示有异议的,乡镇人民政府(街道办事处)应当重新组织调查核实,申请人及有关单位、组织或者个人应当配合调查,如实提供有关情况。

第十八条 审批。县级民政部门应当全面审查乡镇人民政府(街道办事处)上报的调查材料和审核意见,并按照不低于30%的比例随机抽查核实,并于20个工作日内做出审批决定。对符合条件的申请予以批准,在申请人所在村(社区)公布,并发给《特困人员救助供养证》,救助供养金从次季(月)核算发放;对不符合条件的申请不予批准,应当书面向申请人说明理由。

第十九条 终止。特困人员不再符合救助供养条件的,村(居)民委员会或者供养服务机构应当及时告知乡镇人民政府(街道办事处),由乡镇人民政府(街道办事处)审核并报民政部门核准后,终止救助供养并予以公示。

县民政部门、乡镇人民政府(街道办事处)在工作中发现特困人员不再符合救助供养条件的,应当及时办理终止救助供养手续。

第二十条 特困人员有下列情形之一的,应当及时终止救助供养。

(一)死亡、被宣告失踪或者死亡。

(二)经过康复治疗恢复劳动能力或者年满16周岁且具有劳动能力。

(三)依法被判处刑罚,且在监狱服刑。

(四)收入和财产状况不再符合本细则第九条规定。

(五)法定义务人具有了履行义务能力或者新增具有履行义务能力的法定义务人。

特困人员终止救助供养后,符合最低生活保障或者其他社会救助条件的,应当及时纳入相应救助范围,确保其基本生活有保障。

市(县)民政部门应当及时核销其《特困人员救助供养证》,于次季度(月)起停发救助供养金。

第二十一条　市(县)人民政府民政部门、乡镇人民政府(街道办事处)应当加强特困人员档案管理,按照"一人一档案一协议"要求,建立健全特困供养人员档案。特困人员救助供养协议在县级民政部门备案。

第四章　自理能力评估

第二十二条　市(县)人民政府民政部门在乡镇人民政府(街道办事处)、村(居)民委员会协助下,开展特困人员生活自理能力评估,也可委托第三方机构。参照《劳动能力鉴定职工工伤与职业病致残等级》(GB/T16180－2014)、《老年人能力评估》(MZ/T039－2013)有关标准,运用是否具备自主吃饭、穿衣、上下床、如厕、室内行走、洗澡能力等6项指标,对特困人员生活自理能力进行评估,确定应当享受的照料护理标准档次。

第二十三条　特困人员生活自理能力评估,根据下列6项指标进行:自主吃饭、自主穿衣、自主上下床、自主如厕、室内自主行走、自主洗澡。

第二十四条　根据前款规定6项指标,评估特困人员生活自理状况。6项指标全部达到的,可以视为具备生活自理能力;有3项以下(含3项)指标不能达到的,可以视为部分丧失生活自理能力;有4项以上(含4项)指标不能达到的,可以视为完全丧失生活自理能力。

第二十五条　特困人员生活自理能力发生变化的,村(居)民委员会或者供养服务机构应当通过乡镇人民政府(街道办事处)及时报告县级人民政府民政部门,市(县)人民政府民政部门应当自接到报告之日起10个工作日内组织复核评估,并根据评估结果及时调整特困人员生活自理能力认定类别。

第五章　供养内容

第二十六条　特困人员救助供养主要包括以下内容。

（一）提供基本生活条件。供给粮油、副食品、家庭生活燃料、服装、被褥等日常生活用品和零用钱。可以通过现金或实物的方式予以保障。

（二）提供照料服务。对生活不能自理的给予照料，包括在日常生活、住院期间提供必要的照料等基本服务。

（三）提供疾病医疗。全额资助参加城乡居民基本医疗保险，医疗费用按照基本医疗保险、大病保险、大病补充保险和医疗救助等医疗保障制度规定支付后仍有不足的，由临时救助资金予以支持。

（四）办理丧葬事宜。特困人员死亡后的丧葬事宜，应遵守殡葬管理相关规定和适度节俭原则，尊重少数民族习俗。集中供养的由供养服务机构办理，村（居）民委员会及其亲属予以协助；分散供养的由乡镇人民政府（街道办事处）委托村（居）民委员会或者其亲属办理。基本殡葬服务费用（普通殡仪车区域内遗体接运费、普通火化炉遗体火化费、普通遗体2天冷藏存放费、卫生防护用品费）予以免除，其他必要的丧葬费用从救助供养经费中支出，不得超过供养对象一年的基本生活供养标准。当事人亲属提出额外服务项目要求的，费用由其亲属承担。

（五）提供住房救助。对住房困难符合规定标准的分散供养特困人员，通过配租公共租赁住房、发放住房租赁补贴、农村危房改造等方式给予住房救助。

（六）提供教育救助。对在义务教育、高中教育（含中等职业教育）、普通高等教育阶段就学的特困人员，按照有关规定给予教育救助。免除特困人员在普通高中教育阶段的学杂费用。

第六章　供养形式

第二十七条　特困人员救助供养形式分为分散供养和在供养服务机构集中供养。尊重特困人员本人意愿，合理选择救助供养形式。鼓励采取多种形式,支持具备生活自理能力的特困人员分散供养,优先为完全或者部分丧失生活自理能力的特困人员提供集中供养服务。尊重特困供养对象合法使用、处理个人财产的自由,禁止将是否把财产交给集体或国家作为批准享受特困人员供养待遇的前提条件。

第二十八条 分散供养的特困人员,经本人同意,乡镇人民政府(街道办事处)可委托其亲友或村(居)民委员会、供养服务机构、社会组织、社会工作服务机构等提供日常看护、生活照料、住院陪护等服务。有条件的地方可利用城乡社区养老服务设施和居家养老服务信息平台,为分散的特困人员提供社区日间照料或居家养老服务。村(居)民委员会、受委托的代养人和供养对象三方应当签订代养协议,约定三方的职责和财产、遗产的处理办法及受委托的代养人和护理人员的权利和义务。乡镇人民政府(街道办事处)应当加强对服务协议签约方的考察和协议履行情况的监督,督促约定服务事项落实到位。

第二十九条 集中供养的特困人员,由市(县)、乡(镇)人民政府民政部门按照便于管理的原则,就近安排到相应的供养服务机构。特困人员本人应当与乡镇人民政府(街道办事处)和供养服务机构签订供养服务协议,明确三方的权利、责任和义务,以及供养对象财产处置办法等。

未满16周岁,属于城镇户籍的,就近安置到儿童福利机构;属于农村户籍的,就近安置到农村特困人员供养服务机构。

特困人员患精神病需要集中供养的,应当由专门的供养服务机构提供集中供养服务。接收患有传染病特困人员的供养服务机构应当具备相应的治疗护理能力。

第七章 供养标准

第三十条 特困人员救助供养标准包括基本生活标准和照料护理标准。基本生活标准应当满足特困人员基本生活所需,一般可参照上年度当地居民人均消费支出、人均可支配收入或者低保标准的一定比例确定,根据省政府制定的救助供养指导标准,基本生活标准原则上不低于当地低保标准的1.3倍。照料护理标准按照具有生活自理能力、部分和完全丧失生活自理能力分三档制定,参照当地最低工资标准的一定比例确定。全护理标准按每月不低于当地最低工资标准的20%执行,半护理标准按每月不低于当地最低工资标准的10%执行。所需资金列入当年县财政预算。

市(县)人民政府综合考虑地区、城乡差异等因素确定、公布特困人员救助供养标准,但不得低于省级指导标准。

第三十一条 建立救助供养标准的动态调整机制,与本地经济社会发展相适应,与物价上涨挂钩,与全县平均生活水平同步增长。

第八章 资金保障

第三十二条 市(县)人民政府应当将政府设立的特困供养服务机构运转费用、特困人员救助供养资金、建设补助资金列入本级财政预算,优化财政支出结构。有农村集体经营等收入的地方,可以从中安排资金用于特困人员救助供养工作。

特困供养机构运转经费主要用于人员日常办公、水电燃料购买及设备设施维护等,要按照集中供养特困人员数量每人每年不少于600元标准确定,所需资金列入当年县财政预算。

市(县)人民政府每年要统筹安排不低于100万元特困供养机构建设补助资金,财政每年要匹配特困供养机构建设资金不低于100万元,列入当年县财政预算,主要用于补助本辖区内特困供养机构建设。

第三十三条 市(县)人民政府应当完善救助供养资金发放机制,确保资金及时足额发放到位。集中供养对象的基本生活资金由县级民政部门提出用款计划,由县财政部门拨付到县民政部门,县民政部门按季度直接拨付到供养服务机构。分散供养对象的基本生活资金实行社会化发放,由银行按季度直接发放到户。有条件的地方,可以按月发放供养资金。

特困人员照料护理费用,可由县级民政部门统筹用于购买特困人员照料护理服务。集中供养的,统一用于供养服务机构照料护理开支;

分散供养的,由乡镇人民政府(街道办事处)按照委托照料服务协议,用于支付服务费用。

第九章 供养服务机构

第三十四条 特困人员供养服务机构是指各级人民政府举办,为特困人员提供供养服务的公益性机构,包括农村敬老院、社会福利及儿童福利中心等。

第三十五条 乡镇人民政府(街道办事处)应当将供养服务机构建设纳入当地经济社会发展总体规划,并按照相关规定及建设标准,结合本地实际,对供养服务机构建设进行科学规划,建设规模适度、满足当地实际需要的供养服务机构。按照特困人员供养服务机构建设标准要求,加强供养服务机构升级改造,重点推进现有敬老院设施达标,使生活用房、消防设备、无障碍设施、应急呼叫系统、安全监控系统、食品安全和用电设施等符合相关规范和技术要求,满足生活不能自理特困人员的照料护理需求。

第三十六条 特困人员供养服务机构应当依法办理法人登记,设立管理委员会,实行民主管理。建立健全岗位责任制、请销假、24小时值班巡查、环境卫生、财务管理、档案管理、安全保卫等管理制度和服务标准体系,为特困人员提供日常生活照料、送医治疗、住院陪护、文化娱乐等基本救助供养服务。有条件的经卫生计生部门批准可以设立医务室或者护理站。

第三十七条 县、乡镇人民政府(街道办事处)负责本行政区域内特困人员供养服务机构的建设、管理工作。市(县)人民政府民政部门负责本行政区域内特困人员供养服务机构的审批、监督和指导工作。特困人员供养服务机构的创办、变更、解散,应当经市(县)人民政府民政部门批准,依照相关规定办理登记(注销)手续,并报上一级民政部门备案。

第三十八条 供养服务机构的人员配备应当根据服务对象人数和照料护理需求,按照工作人员与全自理供养人员不低于1∶10、与半自理供养人员1∶4、与全护理供养人员1∶1.5比例配备。供养服务机构负责人由乡镇人民政府(街道办事处)选派,其他工作人员采取政府购买服务的方式配备。从事供养服务的工作人员应当经过岗前培训,掌握与岗位要求相适应的知识技能。加强社会工作岗位开发设置,合理配备使用社会工作者。

第三十九条　特困人员供养服务机构工作人员的工资纳入县财政预算。工资待遇按照按劳定酬、多劳多得、奖优罚劣、公平合理的原则制定,不得低于当地最低工资标准,并按照有关规定提供基本养老、基本医疗、工伤等社会保险待遇。具体管理及保障规定由市(县)人民政府制定。

第四十条　积极推进"医养结合",对具备条件的供养服务机构,支持其内设医疗机构,并按规定纳入基本医疗保险定点范围;对不具备条件的,支持其与周边医疗机构协议合作,通过定期巡诊义诊、转诊接诊优先、购买医养服务等方式,为特困人员提供供养和医疗服务。

第四十一条　按照科学统筹、集约资源、方便照料原则,支持撤改"小、散、远、弱"特困供养机构,鼓励建立区域性中心特困供养服务机构;也可每3至5个毗邻乡镇人民政府(街道办事处)组成协作区域,选择该区域内一所设施条件较好、服务能力较强的供养服务机构,作为定点机构,统一接收区域内特困供养中的失能、半失能人员,科学优化资源,提高特困人员供养服务质量和水平。

第四十二条　有条件的特困人员供养服务机构,在满足特困人员集中供养需求的基础上,可面向社会开展日间照料等养老服务,不得接收精神、传染患者。

第十章　鼓励社会参与

第四十三条　鼓励社会组织、企事业单位和志愿者等社会力量参与特困人员救助供养工作。鼓励运用政府和社会资本合作模式,采取公建民营、民办公助等方式,支持供养服务机构建设。

第四十四条　加大政府购买服务和项目支持力度,落实各项财政补贴、税收优惠和收费减免等政策,引导、激励公益慈善组织、社会工作服务机构,以及社会力量举办的养老、医疗等服务机构,为特困人员提供专业化个性化服务。

第十一章 监督管理

第四十五条 市(县)人民政府、各有关部门要将特困人员救助供养制度落实情况作为督查督办的重点内容,定期组织开展专项检查。要畅通投诉举报渠道,充分发挥社会监督作用,对公众和媒体发现揭露的问题,应当及时查处并公布处理结果。

第四十六条 市(县)人民政府和乡镇人民政府(街道办事处)要强化特困人员识别、审核、审批等关键环节的主体责任,杜绝违背政策、违反程序、扩大范围、以权谋私等现象发生。民政、财政、审计等有关部门要加强对特困人员救助供养资金管理使用情况的监督检查,严肃查处挤占、挪用、虚报、冒领等违纪违法行为。民政、消防等有关部门要加强对供养服务机构的安全管理,防止火灾等安全事故发生。

第四十七条 完善责任追究制度,加大行政问责力度。对因责任不落实造成严重后果的单位和个人,依法依纪追究责任。

第四十八条 采取虚报、隐瞒、伪造等手段骗取救助供养资金、物资或者服务的,由市(县)人民政府民政部门停止救助供养,责令退回非法获取的救助供养资金、物资,并依法追究其有关责任。

第十二章 附　　则

第四十九条 ××省特困人员救助供养证由省民政厅制定格式,由市(县)民政部门统一印制。

第五十条 本实施细则自印发之日起施行。